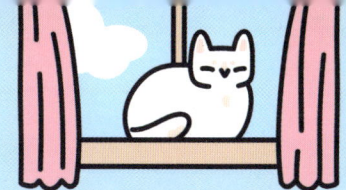

AF237912

Aprende a dibujar
TIERNOS GATITOS

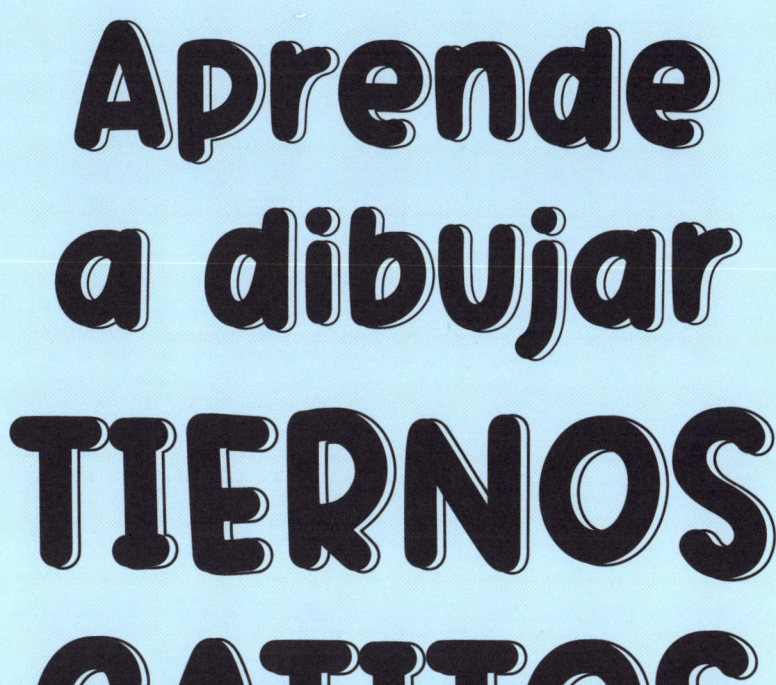
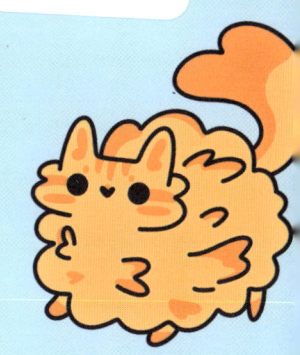
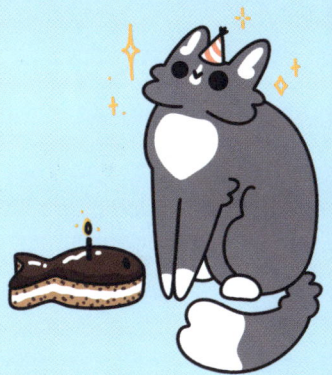
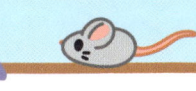

Crea paso a paso adorables felinos y su entorno

VERA KAY
@veekachoo

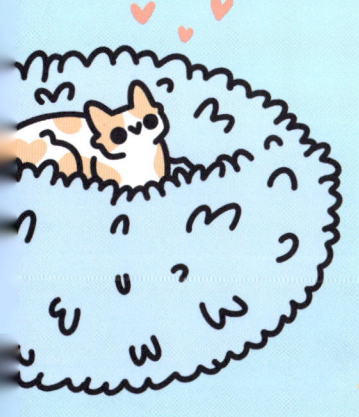
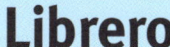
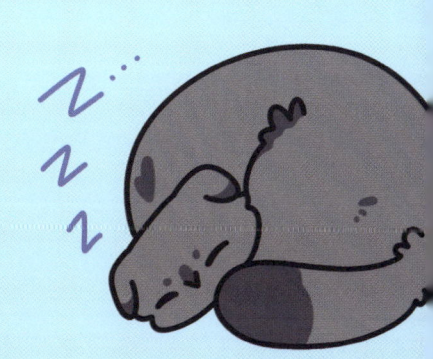

Librero

Título original: *How to Draw Squishy Cats and Kittens*

© 2025 Librero b.v. (edición española)
www.librero.nl

Publicado por Walter Foster Publishing,
un sello editorial de The Quarto Group

© 2025 Quarto Publishing Group USA Inc.
Textos, fotos e ilustraciones © 2025 Vera Kay

Imagen de la cubierta: Vera Kay
Diseño: Megan Jones Design

Producción de la edición española:
Traducción: Antonio Vizcarra para Delivering iBooks & Design
Redacción y maquetación: Delivering iBooks & Design, Barcelona

Distribución exclusiva de la edición española:
Librero IBP S. L.
C/ Paseo de los Olmos, n.º 20
Planta 1.ª, oficina 7
28005 Madrid, España
www.librero-ibp.es

Impreso en China
ISBN: 978-94-6499-133-8

Todos los derechos reservados. Ninguna parte de esta obra se puede reproducir,
almacenar o transmitir de forma o por medio alguno, sea este electrónico,
mecánico, por fotocopia, grabación o cualquier otro, sin la previa autorización
escrita de los titulares de los derechos.

Se han realizado todos los esfuerzos posibles para garantizar que la información
recogida en este libro sea correcta. En caso de error u omisión al consignar los
derechos de autor de las imágenes incluidas en la obra, Librero b.v. pide disculpas
y se compromete a enmendar la información en futuras ediciones del libro.

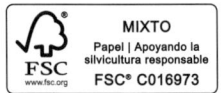

MIXTO
Papel | Apoyando la
silvicultura responsable
FSC® C016973

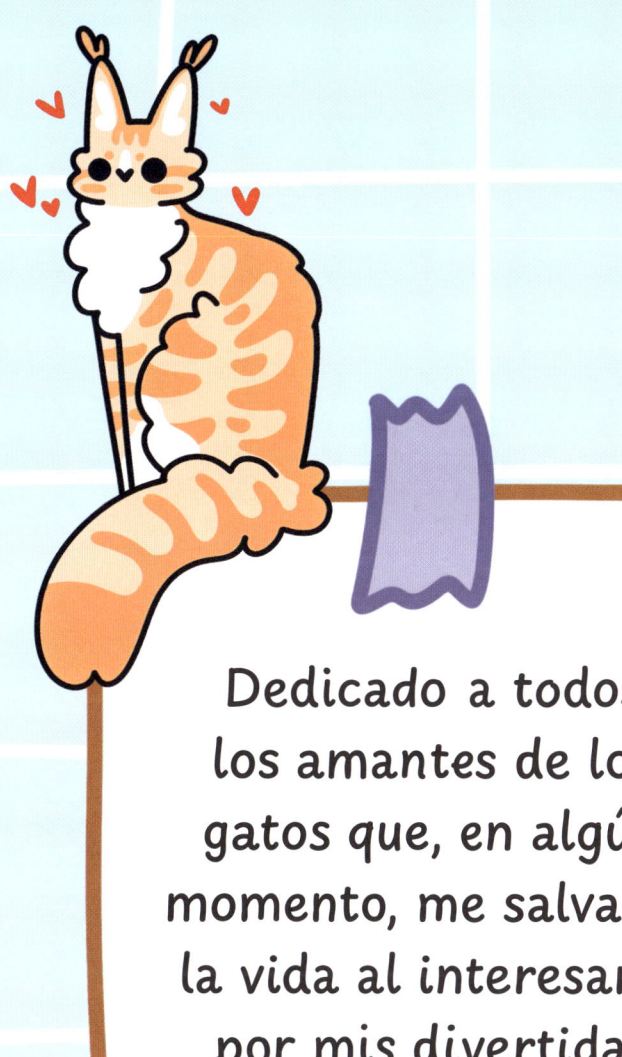

Dedicado a todos
los amantes de los
gatos que, en algún
momento, me salvaron
la vida al interesarse
por mis divertidas
creaciones gatunas.

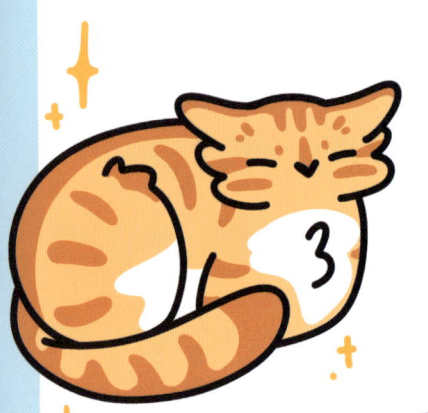
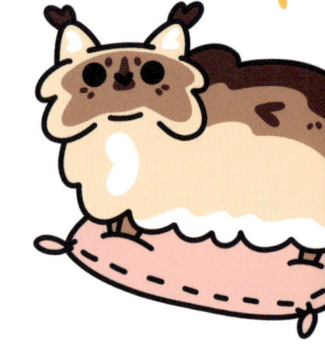

Índice

Escuela de dibujo
9

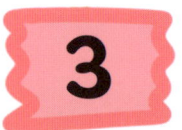

Cómo colorear
25

Tipos de pelaje y cómo dibujarlos
17

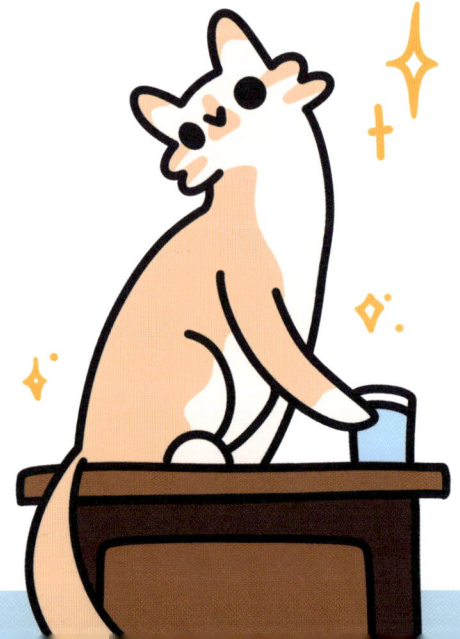

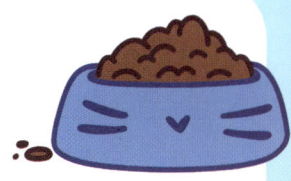

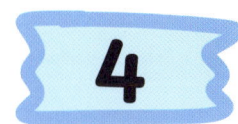

4

Posturas gatunas
39

5

Los gatos y sus dominios
77

6

La fiesta
de cumpleaños
101

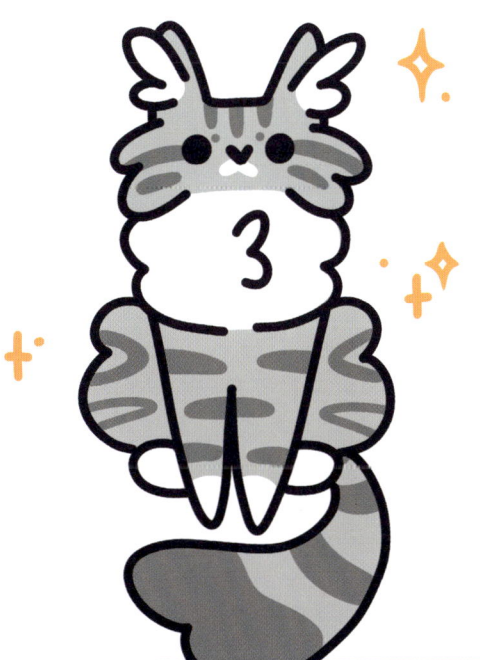

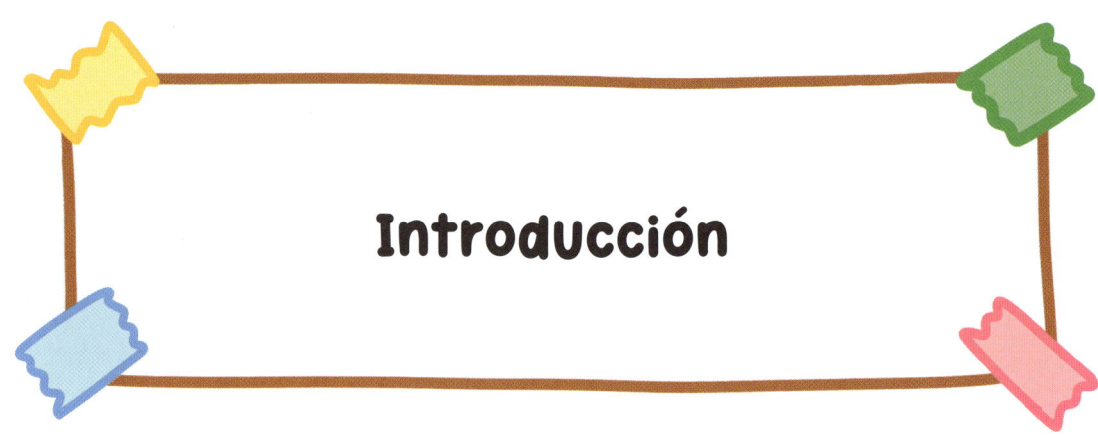

Introducción

Hola, te doy la bienvenida a *Aprende a dibujar tiernos gatitos*. Soy Veekachoo, tu guía personal en este maravilloso mundo del dibujo de gatos. Me siento muy afortunada de poder escribirte estas palabras, sabiendo los momentos tan divertidos que vamos a pasar.

Tanto si eres un dibujante aficionado como profesional, o si eres un principiante, pronto descubrirás que mi manera de dibujar gatitos tiernos y adorables es muy sencilla.

Sé lo que significa sentirse **frustrado cuando se está aprendiendo a dibujar**, pero mi objetivo es hacer que tu proceso de aprendizaje sea lo más divertido y fácil posible. Te guiaré a través de cada ilustración, a partir de formas muy sencillas, y pronto, con un poco de práctica, podrás dibujar como yo sin mi ayuda.

Imagina a la cantidad de personas a las que alegrarás el día con tus dibujitos de adorables felinos hechos en un momento.

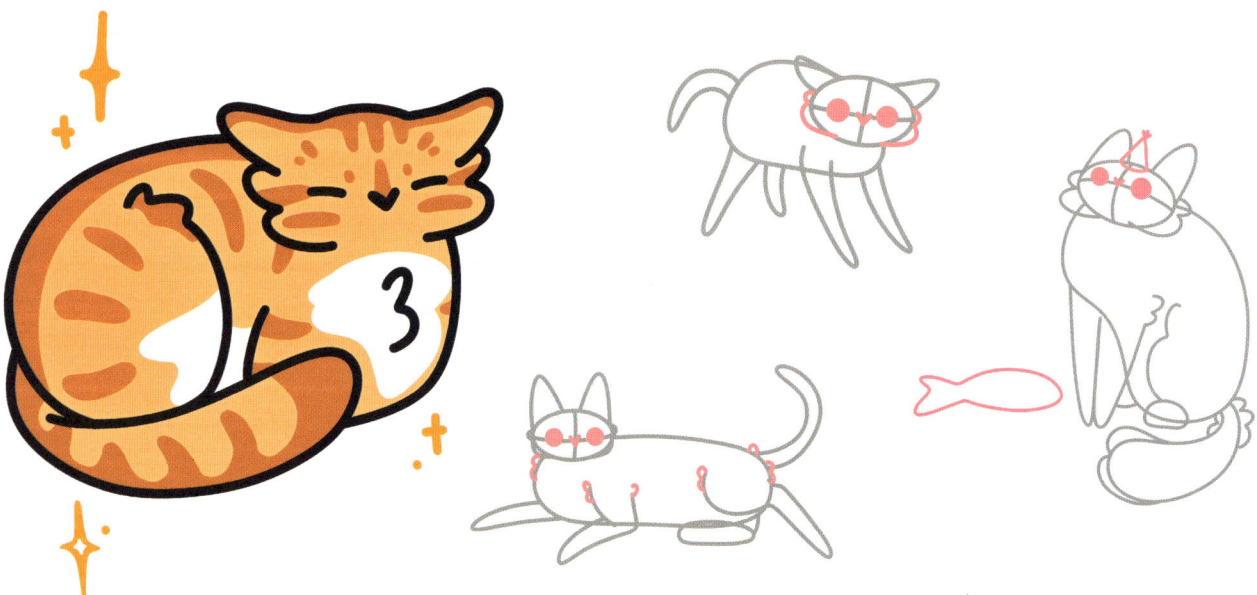

Pero, antes, deja que responda algunas preguntas que me suelen hacer.

¿Por qué dibujar gatos?

Que tengas este libro en tus manos significa que ya sabes la respuesta. Los gatos son sinónimo de felicidad. Así que, cuando los dibujas, transmites esa sensación de felicidad a todo el mundo. Date prisa y termina de leer esto para empezar a repartir felicidad con tus gatitos cuanto antes.

¿Por dónde empiezo?

Como siempre, mi querido artista, empieza por el principio. Este libro está estructurado de manera que aprenderás **todo lo que yo sé** paso a paso, desde los materiales que necesitas hasta las técnicas para crear fantásticas composiciones, con divertidas pausas para colorear.

Te aconsejo que lo leas en el orden en el que está escrito para obtener los mejores resultados, pero, por supuesto, la decisión está en tu mano.

¿Y si mis dibujos no son tan bonitos como los tuyos?

Señal que vas por buen camino.

En primer lugar, los dibujos imperfectos son una parte muy especial del proceso de cada artista, así que **NUNCA** te enfades y los tires. Más adelante lo agradecerás, cuando dibujes como un profesional y puedas recordar tus comienzos. (Lo sé por experiencia).

En segundo lugar, **tus dibujos siempre tendrán un estilo único**, aunque sigas las instrucciones de alguien. Eso hace que el talento artístico sea tan especial en este mundo: no hay dos artistas iguales.

Pero, bueno, después de esta pequeña charla entremos ya en materia, tenemos muuuuchos gatos que dibujar.

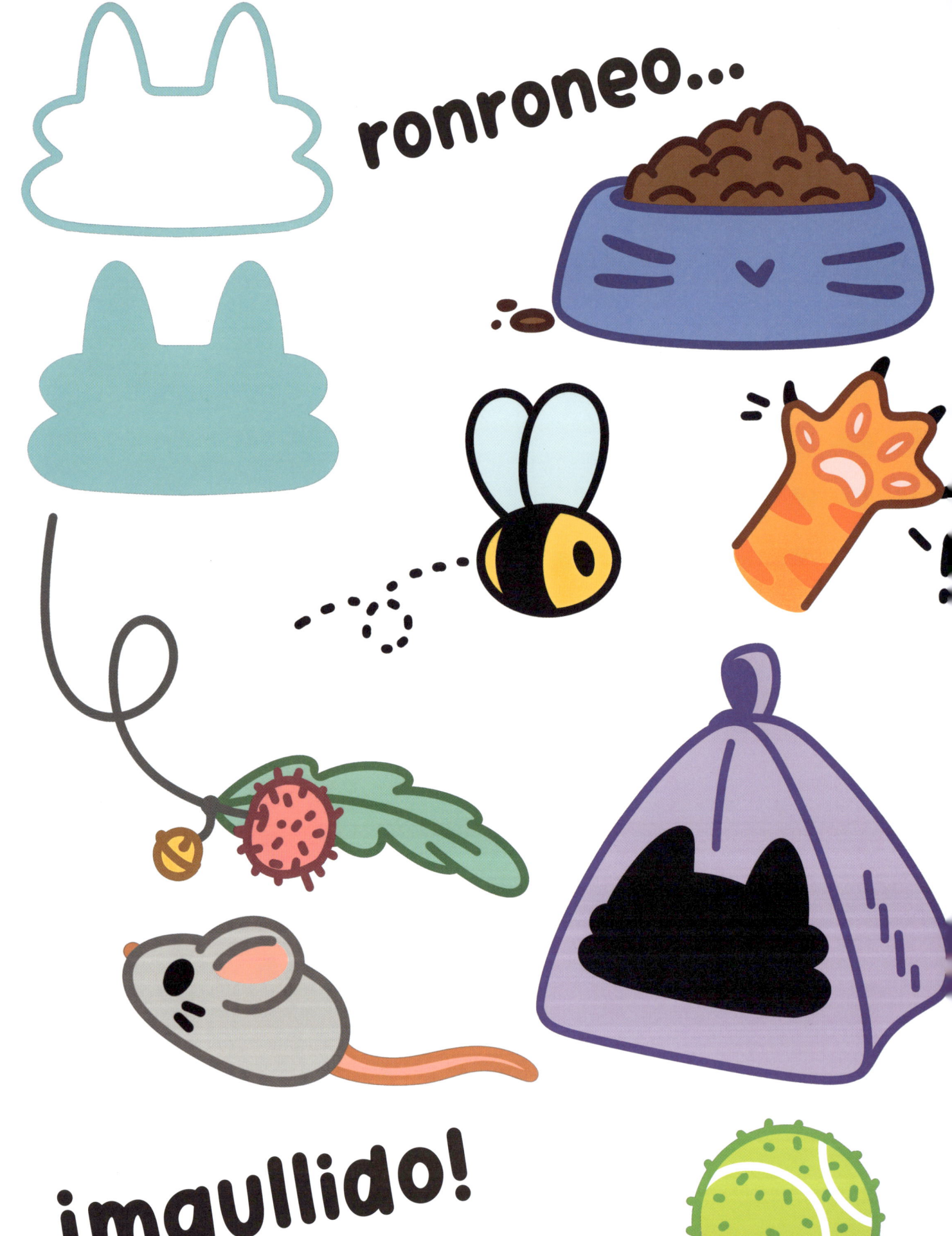

ronroneo...

¡maullido!

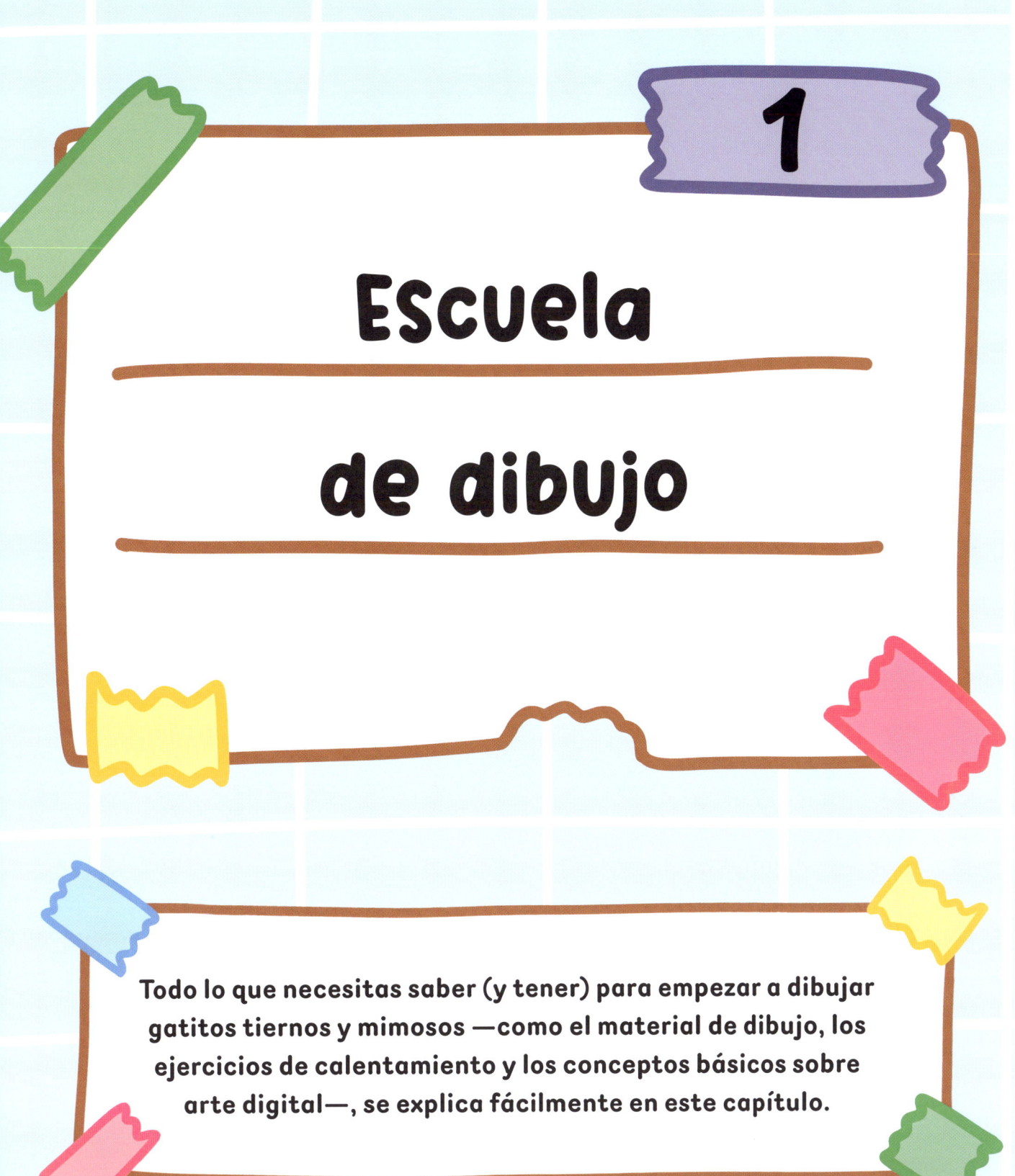

Escuela

de dibujo

Todo lo que necesitas saber (y tener) para empezar a dibujar gatitos tiernos y mimosos —como el material de dibujo, los ejercicios de calentamiento y los conceptos básicos sobre arte digital—, se explica fácilmente en este capítulo.

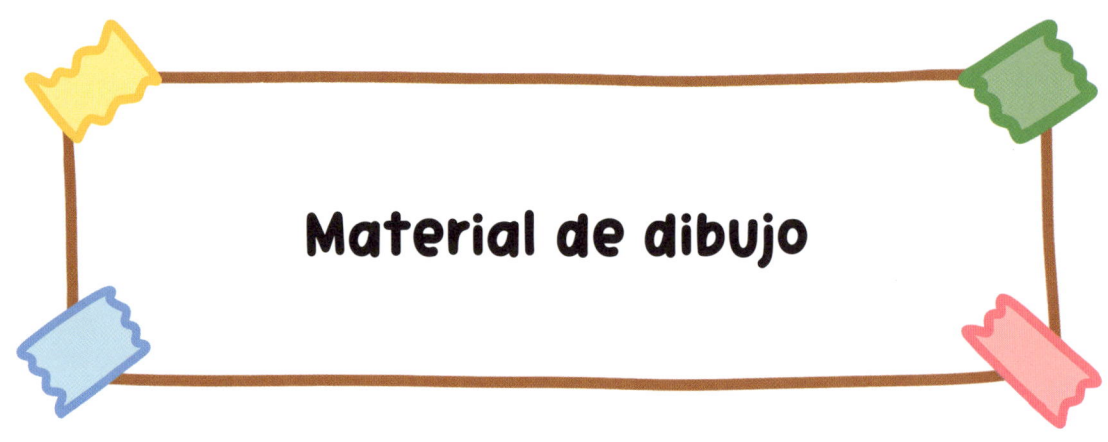

Material de dibujo

Si quieres dibujar gatitos tiernos y adorables en papel, necesitarás:

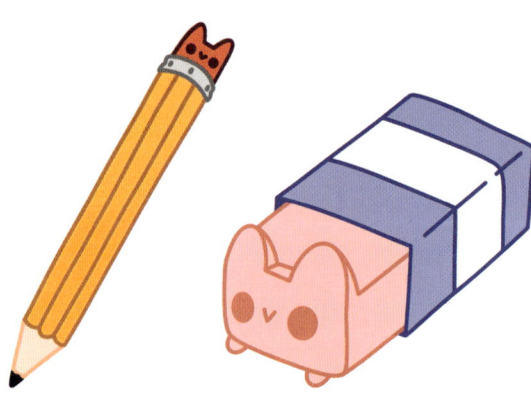

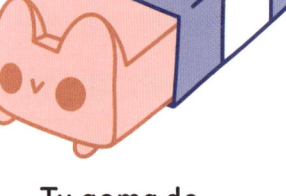

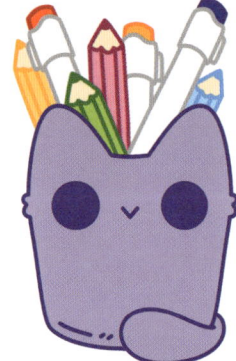

Un lápiz bien afilado.

Tu goma de borrar favorita.

Tu mejor material para colorear (te recomiendo lápices de colores y rotuladores con base de alcohol).

Un cuaderno de dibujo. Es mejor que tengas tus gatitos todos juntos en un cuaderno que no en hojas sueltas, así no se perderán.

Si quieres dibujar gatitos tiernos y adorables de forma digital, necesitarás:

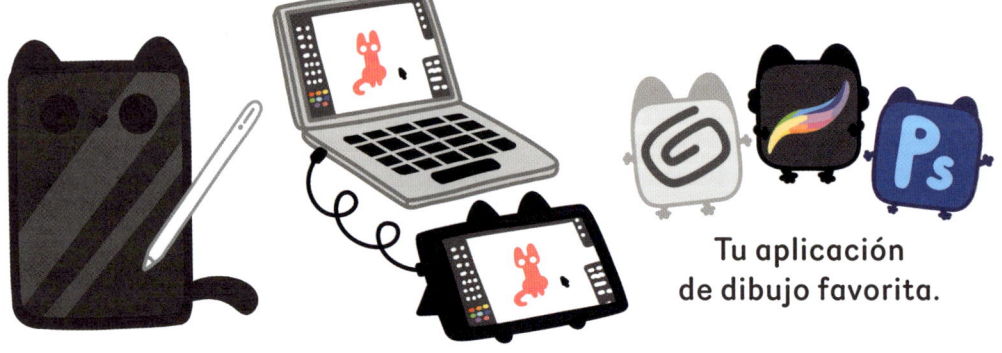

El dispositivo electrónico en el que suelas dibujar, como una tableta o tu portátil.

Tu aplicación de dibujo favorita.

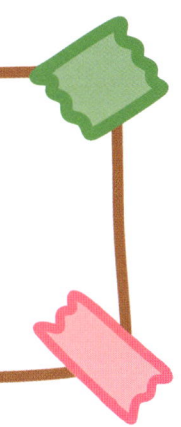

Consejos para dibujar gatitos tiernos

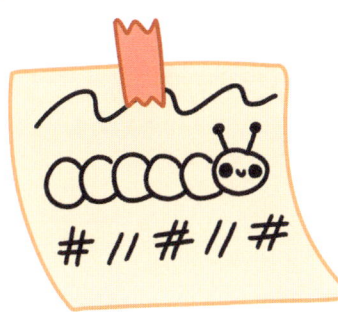

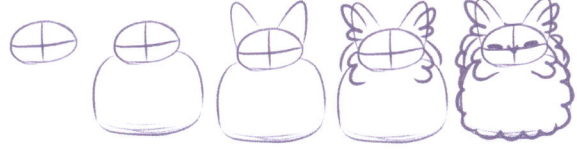

Consejo n.º 1. Haz siempre algunos ejercicios de calentamiento antes de empezar a dibujar. Te irá muy bien si tu trazo es poco firme e inseguro como me pasa a mí. Enseguida te enseñaré mis ejercicios de calentamiento favoritos.

Consejo n.º 2. Empieza siempre tu dibujo con un boceto sencillo. Los primeros pasos para dibujar gatitos adorables deberían ser algo así.

Ya sé que parecen mal hechos, pero eso es perfecto. Si trabajas con la mano relajada, te resultará más fácil y rápido dibujar lo que quieres. Céntrate en perfilar bien las líneas del contorno justo antes de colorear, ¡NO después!

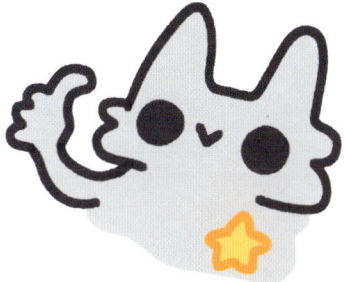

Consejo n.º 3. En el arte digital, un buen pincel será tu mejor aliado. Para dibujar gatitos tiernos, procura que tus pinceles estén en buen estado. En Procreate (que he utilizado para hacer TODOS los dibujos de este libro), mis dos pinceles favoritos son el **Lápiz 6B** para dibujar y el **Monolínea** para perfilar los contornos y colorear.

Consejo n.º 4. No te preocupes si tus primeros gatos no te salen perfectos. Para dibujar bien hace falta practicar a menudo, no es algo con lo que se nace por arte de magia. Ponte como objetivo dibujar paso a paso los gatitos de este libro y verás cómo irás mejorando desde el primero que dibujes hasta el último.

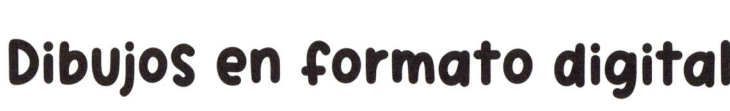

Dibujos en formato digital

Para dibujar gatitos tiernos y adorables en formato digital, las capas son tus mejores aliadas.

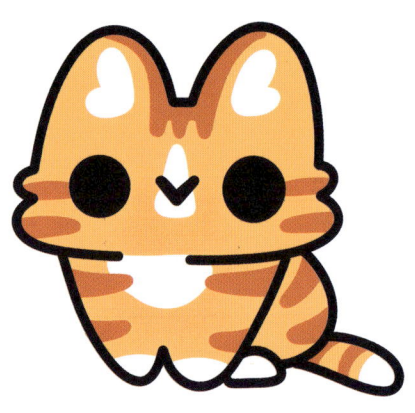 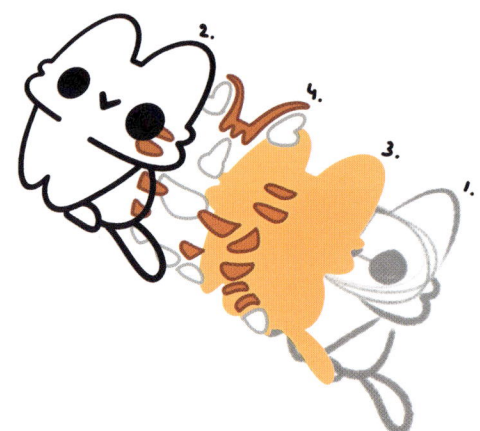

No intentes hacerlo todo en una sola capa, de lo contrario el dibujo te quedará desordenado. Haz **esto** para evitarlo:

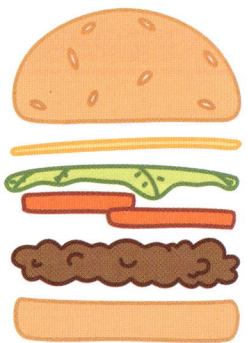 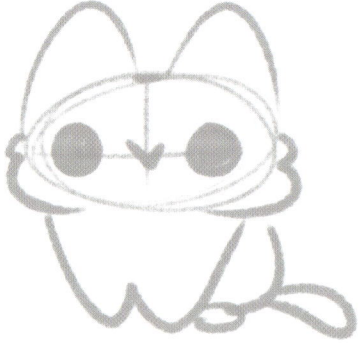

Imagina que el orden de las capas de tu gatito son los distintos ingredientes de una hamburguesa con queso.

La primera capa que dibujas es tu boceto. Imagina que es la tabla donde cortas los alimentos: la necesitas al principio, pero la guardas después. En otras palabras, la tabla de cortar no forma parte de tu hamburguesa.

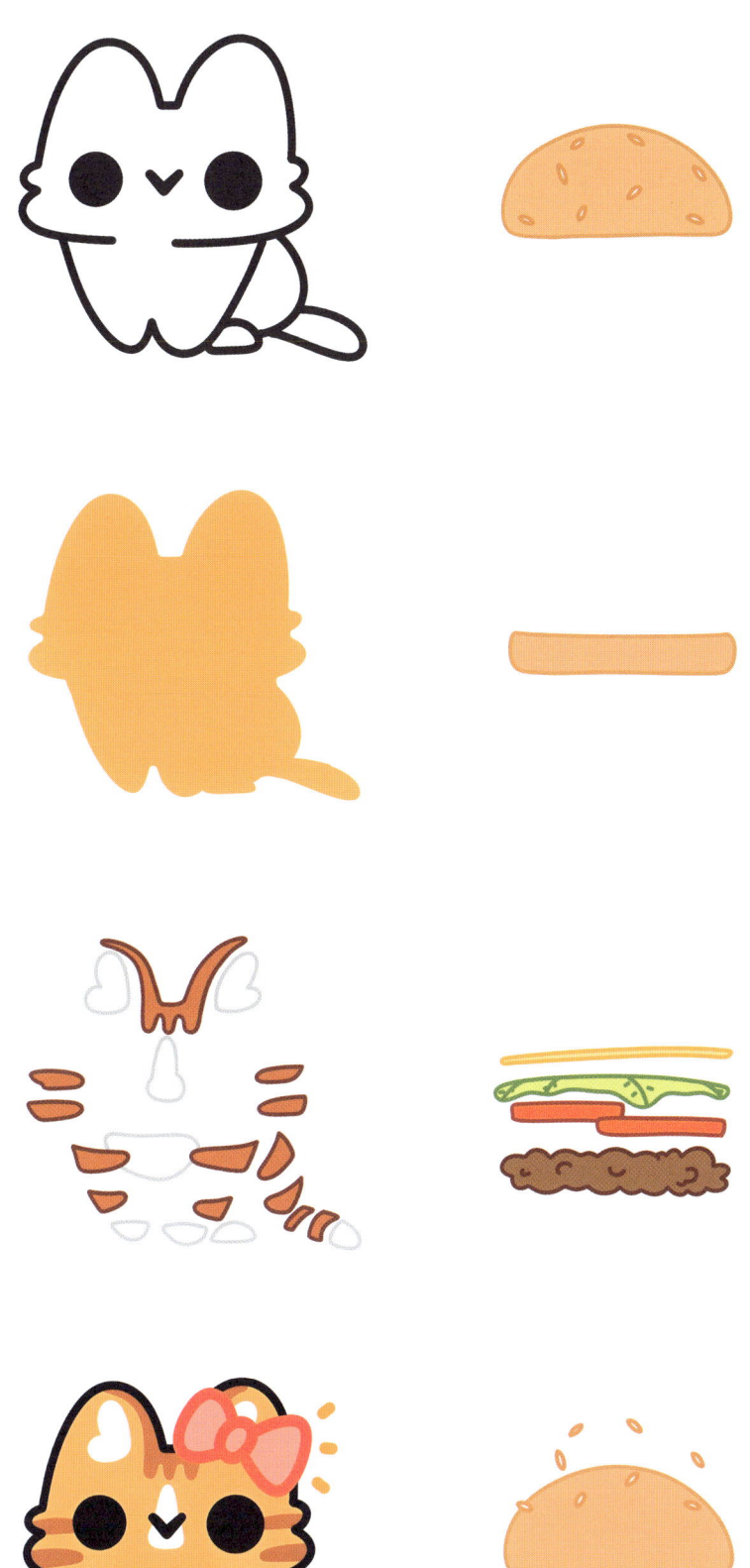

La segunda capa es el contorno. Dibújalo en una nueva capa encima de la del boceto. Sería como la parte de arriba del panecillo, porque todo lo que viene a continuación irá debajo. Aquí ocultas la capa del boceto cuando ya no la necesitas.

La siguiente capa es el color principal del gato, también llamado color de base. Va justo debajo de la capa del contorno y es como la parte de abajo del panecillo.

Todos los detalles de color, como las rayas, las manchas, etc., son como la hamburguesa y los otros ingredientes. Van entre la capa del contorno (superior) y la capa del color de base (inferior). Trabaja con un color por capa, para que editar y reorganizar los detalles y la apariencia de tu gato te sea muy fácil

Recuerda: la capa del contorno **SIEMPRE** debe quedar arriba, a menos que quieras que algo la cubra. Por ejemplo, el sésamo de un panecillo sería el equivalente del lazo de tu gatito.

Ejercicios de calentamiento antes de dibujar

Para dibujar con más seguridad, puede irte bien hacer ejercicios de calentamiento antes de cada sesión. Pruébalos en este libro y, después, hazlos por tu cuenta cuando notes que tienes la mano un poco agarrotada.

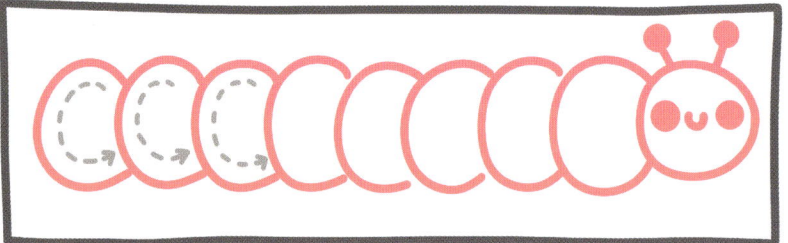

Dibuja una serie de trazos en forma de «C» unidos entre sí y, a continuación, termina la cadena con una cara de oruga sonriente.

Ahora te toca a ti.

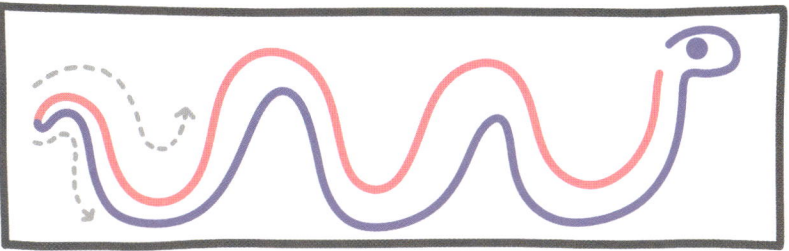

Traza con suavidad unas curvas sinuosas. Repite el mismo trazo debajo de la primera línea. Termina el dibujo con una simpática cara de serpiente.

Pruébalo.

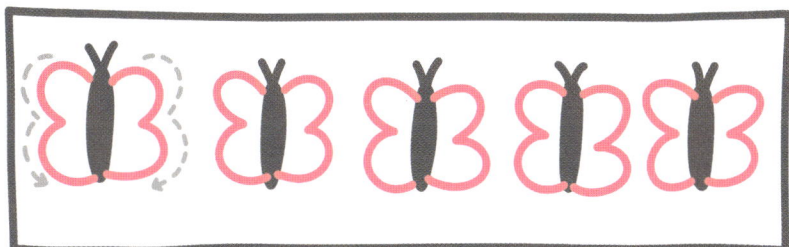

Ahora, vamos a ponerles alas a estas mariposas. Hazlas lo más simétricas que puedas.

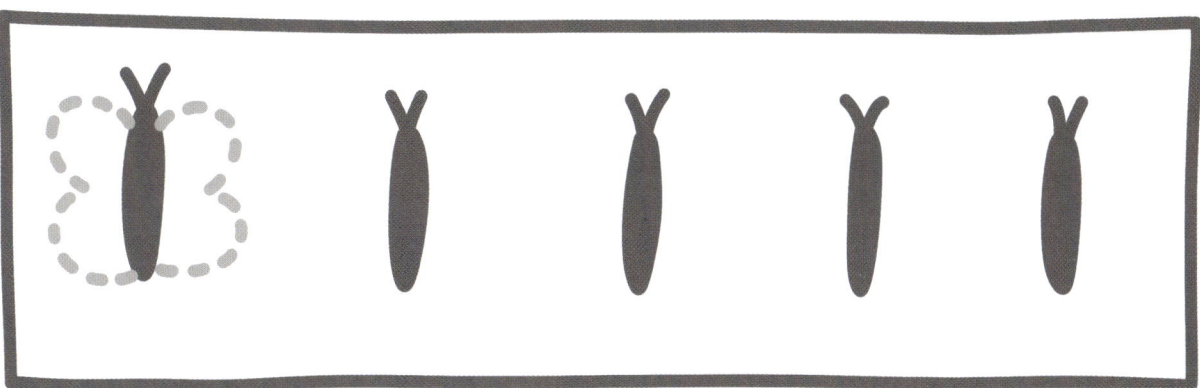

A ver cómo te salen.

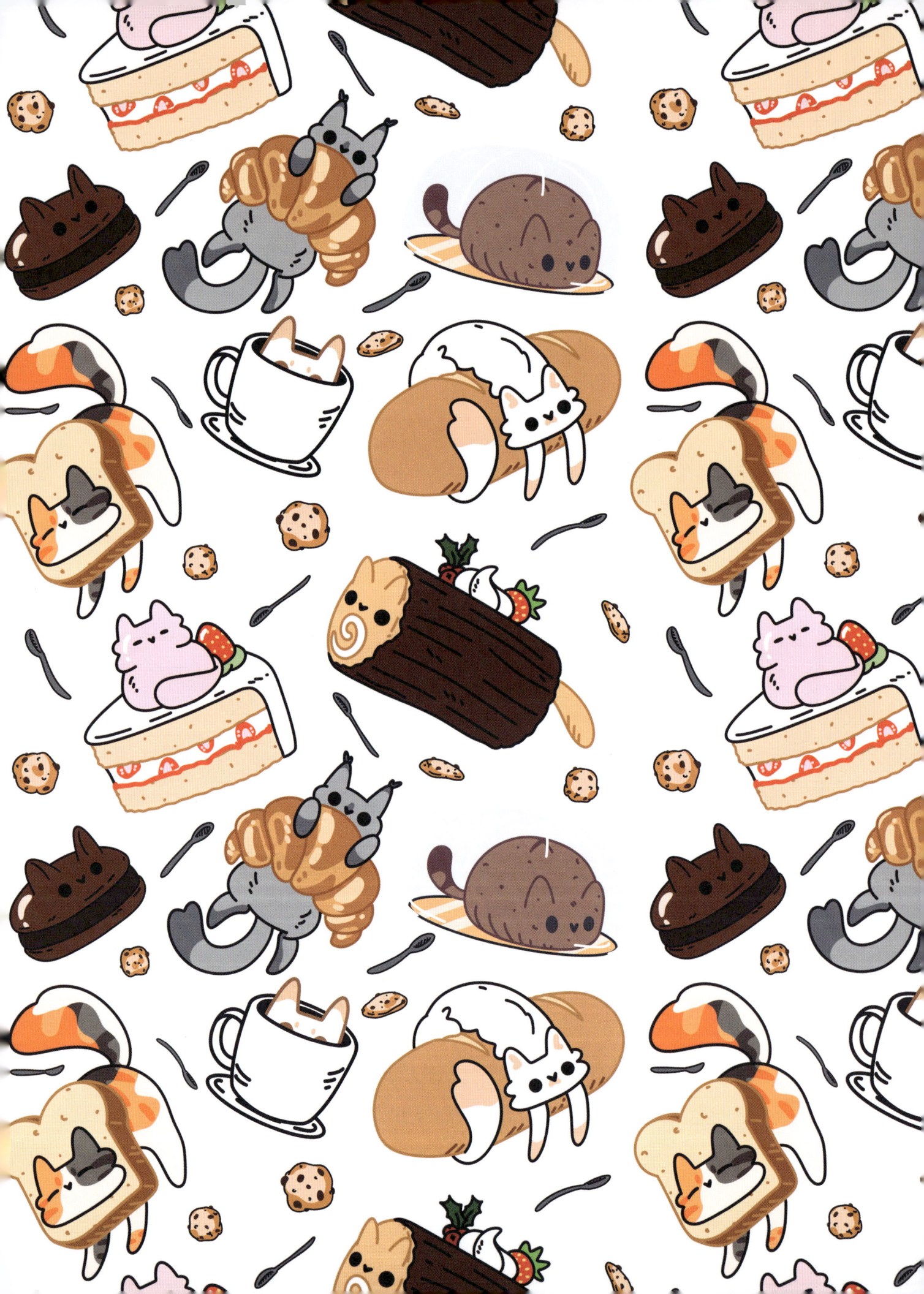

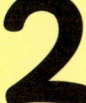

Tipos de pelaje y cómo dibujarlos

En la vida real, hay gatos con todo tipo de pelaje, pero, a la hora de dibujar, esto no tiene por qué suponer ningún problema. Como verás en este capítulo, no es tan difícil como parece.

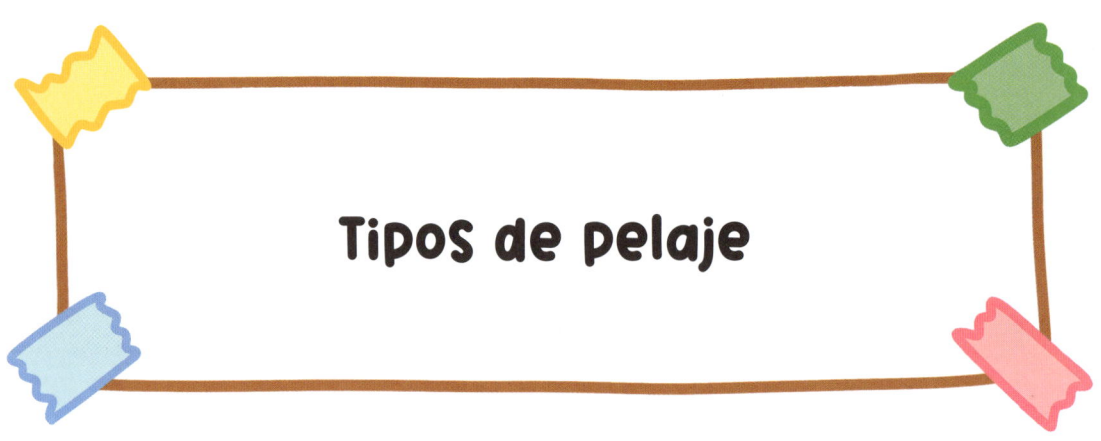

Tipos de pelaje

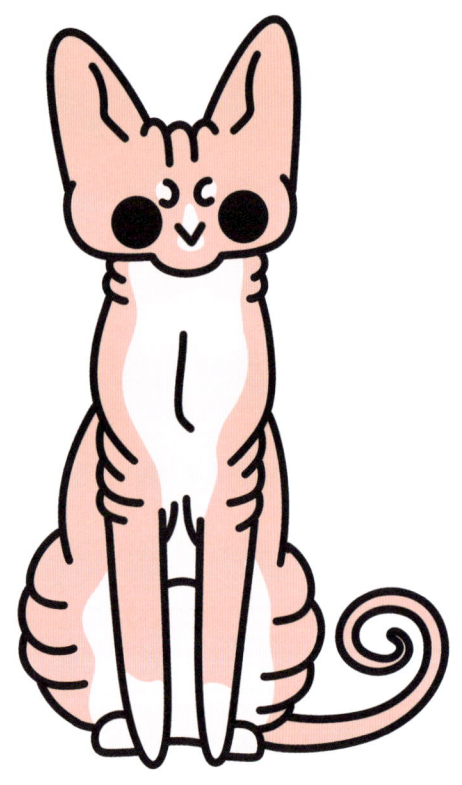

Sin pelo

(nada de pelaje)

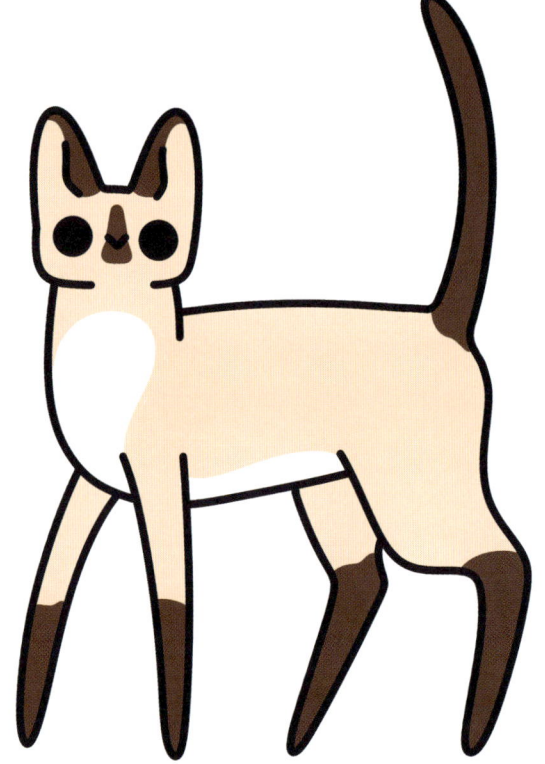

Oriental

(un poquito de pelaje)

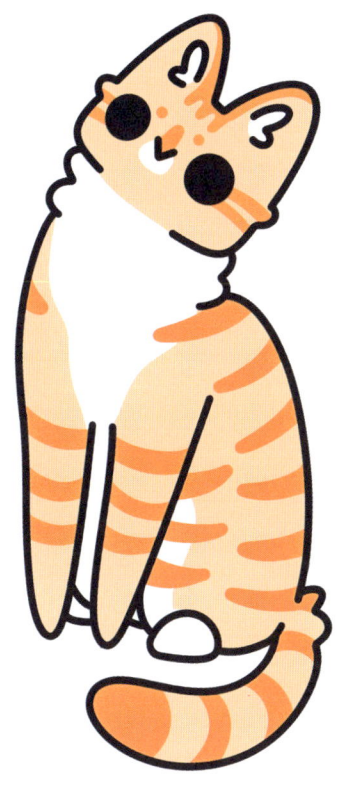

Pelo corto
(una cantidad de pelaje normal)

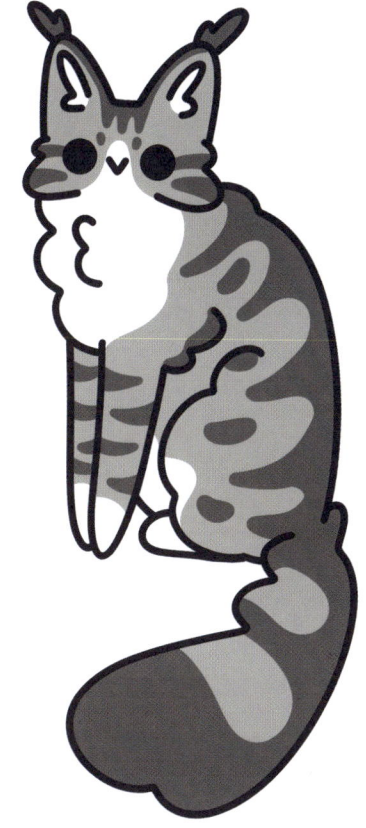

Pelo medianamente largo
(una cantidad de pelaje por
encima de la media)

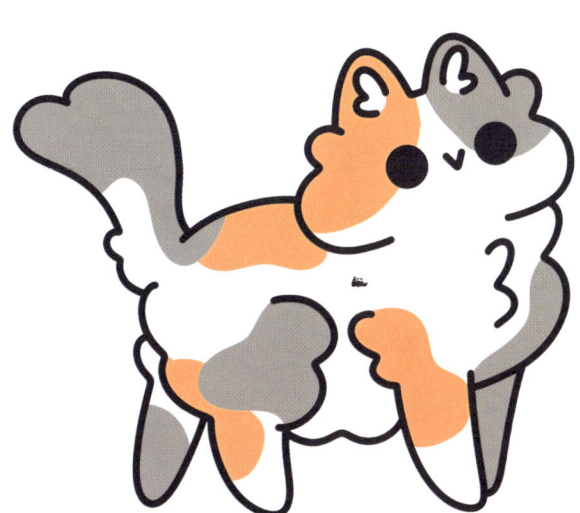

Pelo largo
(mucho pelaje)

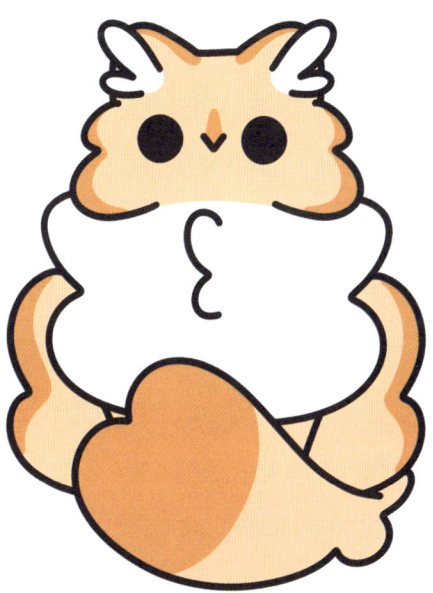

Pelo muy largo
(pelaje abundante)

Cómo dibujar el pelaje

Imagina que el pelaje de los gatos está hecho de nubes. No te compliques, solo tienes que dibujar las nubes más monas que se te ocurran, sobre todo en las mejillas, las orejas, el pecho, la cola y cualquier otra parte que quieras que se vea **superpeludita**.

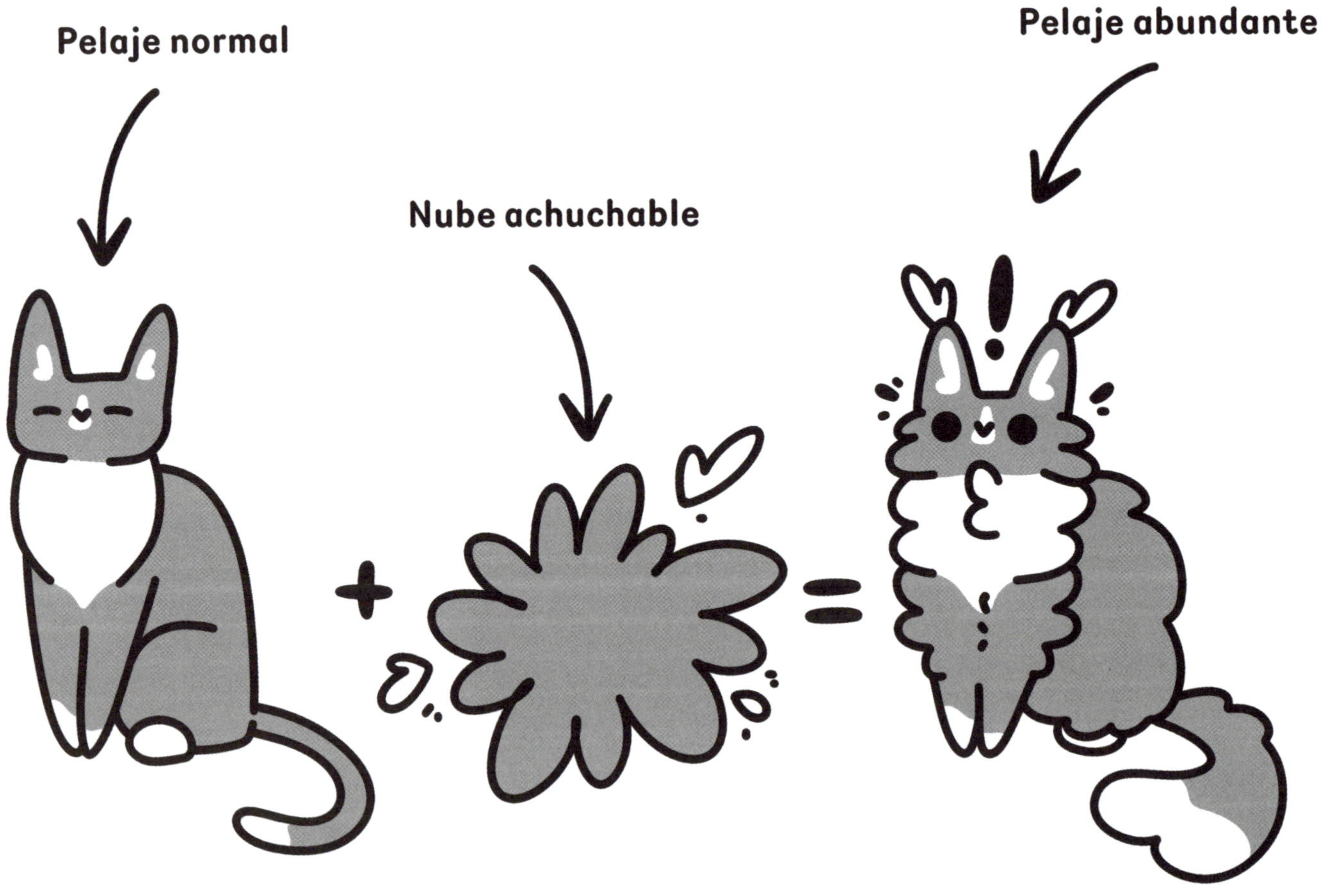

Pelaje normal

Nube achuchable

Pelaje abundante

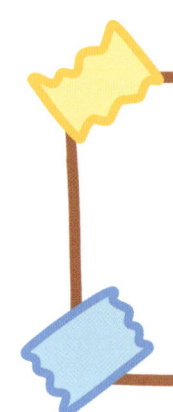

Según el tamaño de los mechones de pelo y la distancia que los separa del cuerpo, tu gatito se verá más o menos peludo.

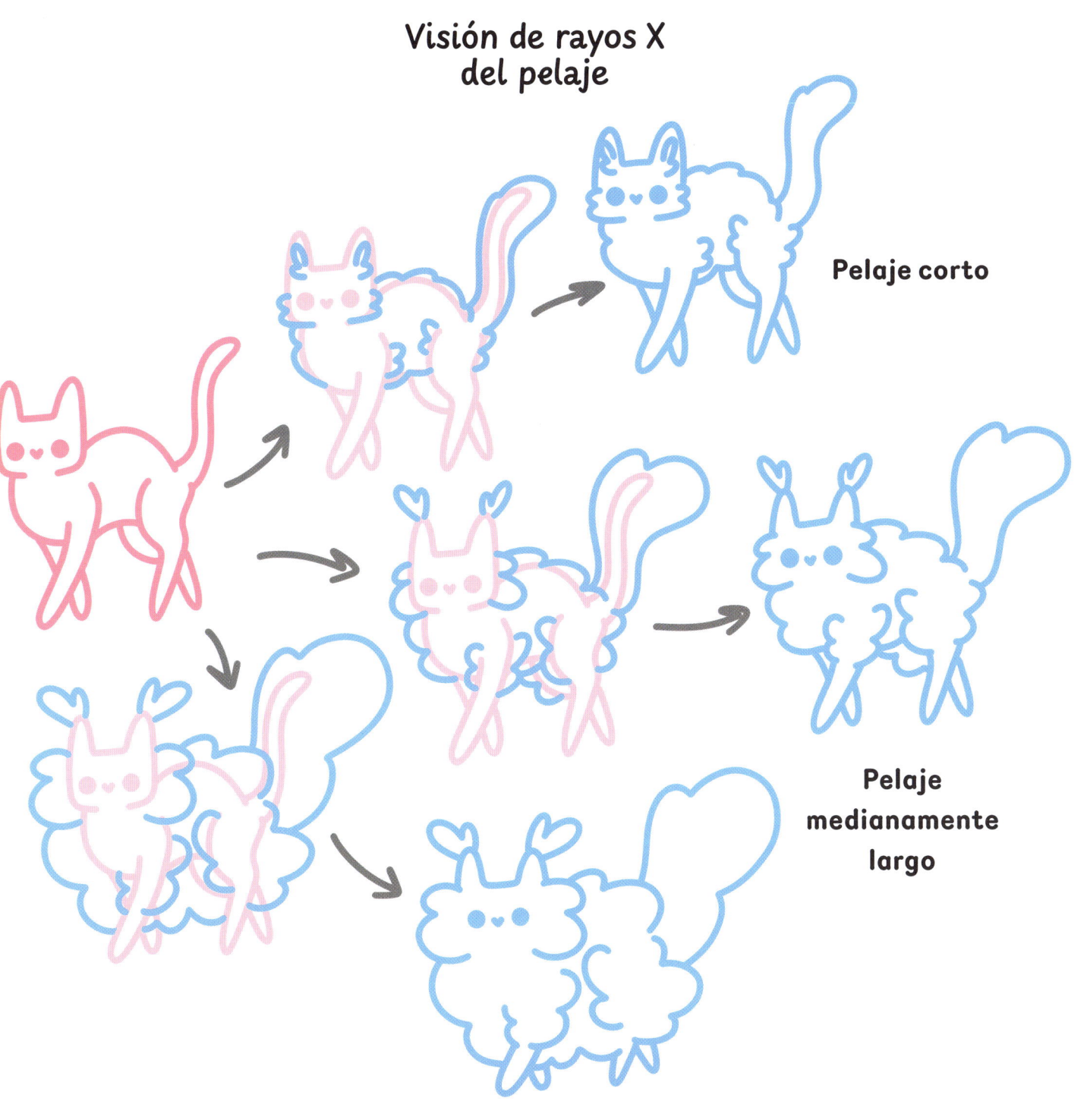

Visión de rayos X
del pelaje

Pelaje corto

Pelaje medianamente largo

Pelaje muy largo

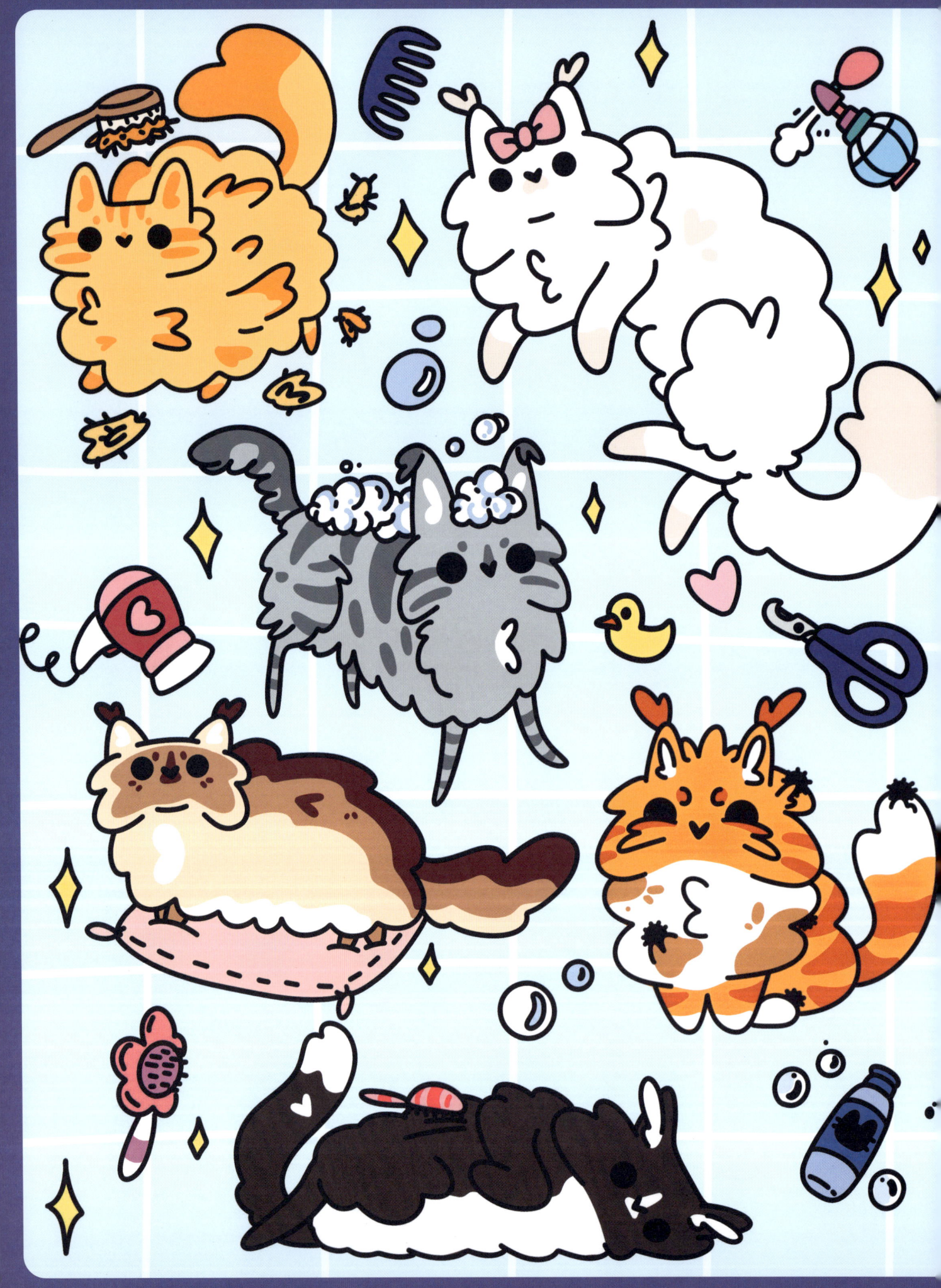

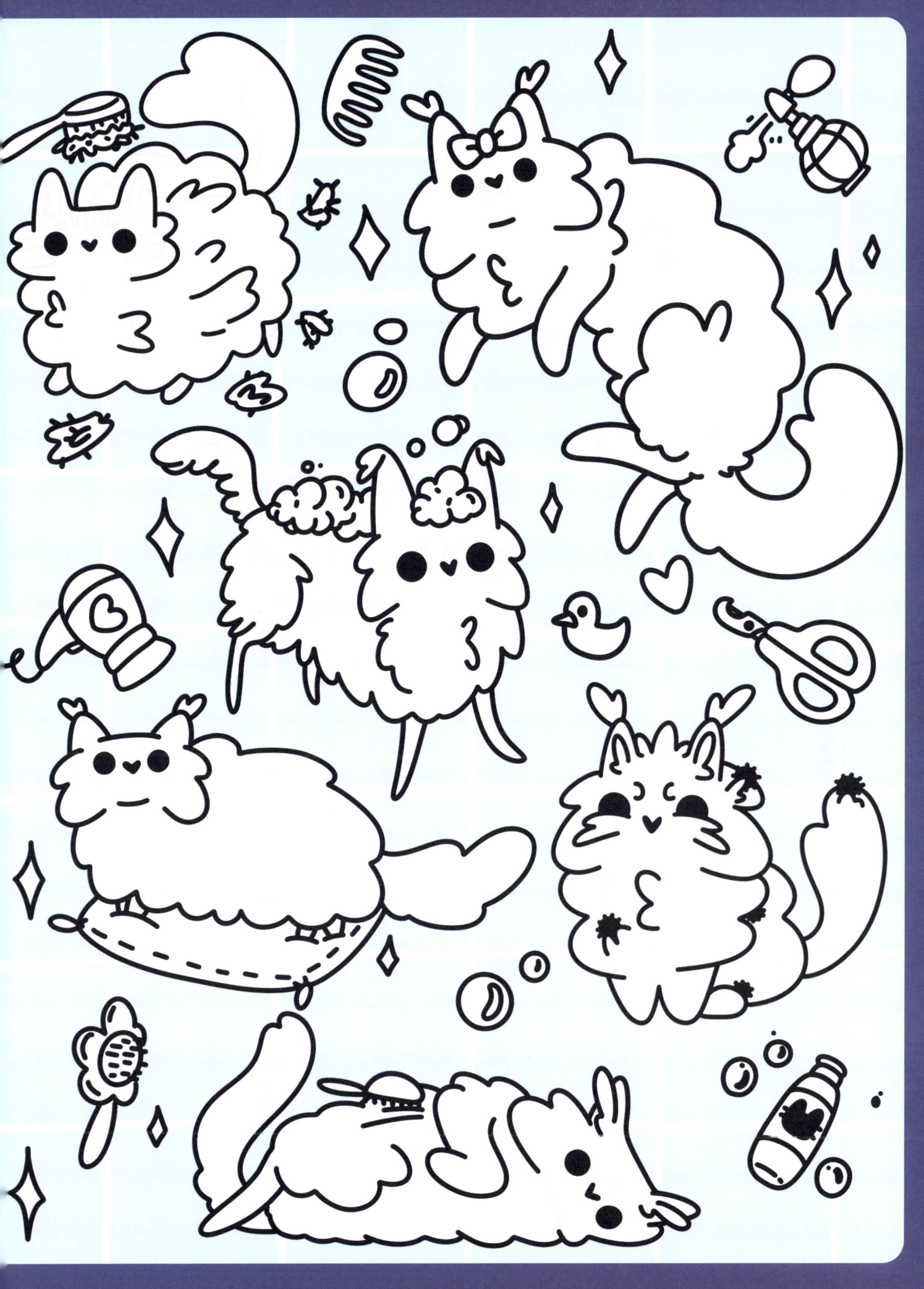

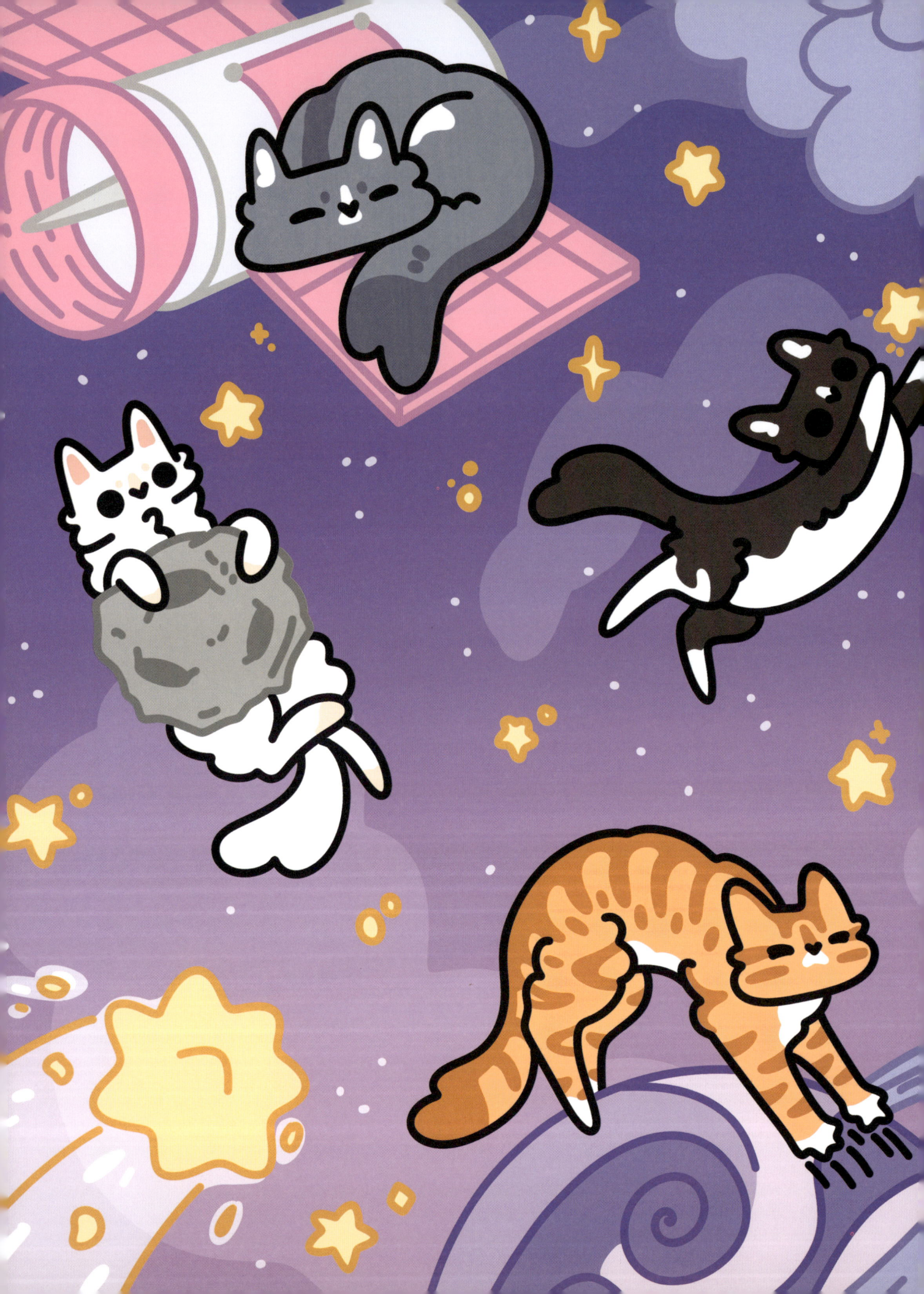

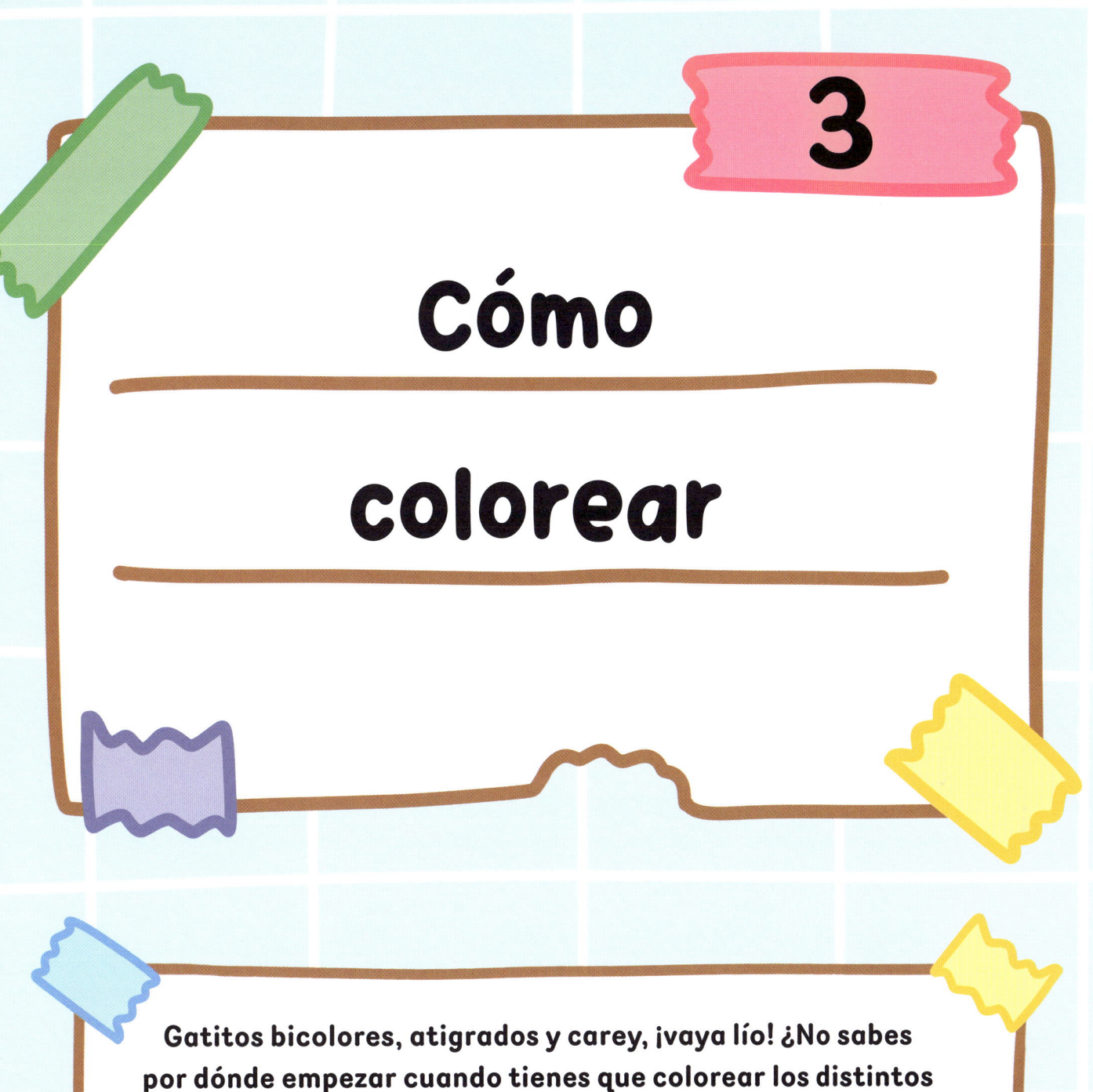

Cómo

colorear

Gatitos bicolores, atigrados y carey, ¡vaya lío! ¿No sabes por dónde empezar cuando tienes que colorear los distintos tipos de pelaje? Es muy fácil, basta con aprender a trabajar con colores y capas. Compruébalo tú mismo en este capítulo, donde aprenderás a colorearlos.

Cómo colorear en papel y digitalmente

Cuando dibujes en papel, empieza a pintar por el color más claro y ve añadiendo el resto de los colores hasta terminar por el más oscuro.

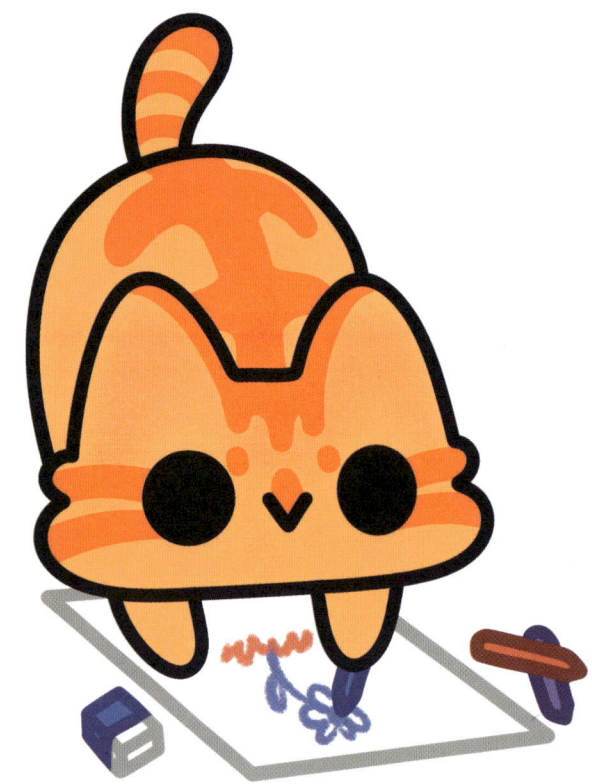

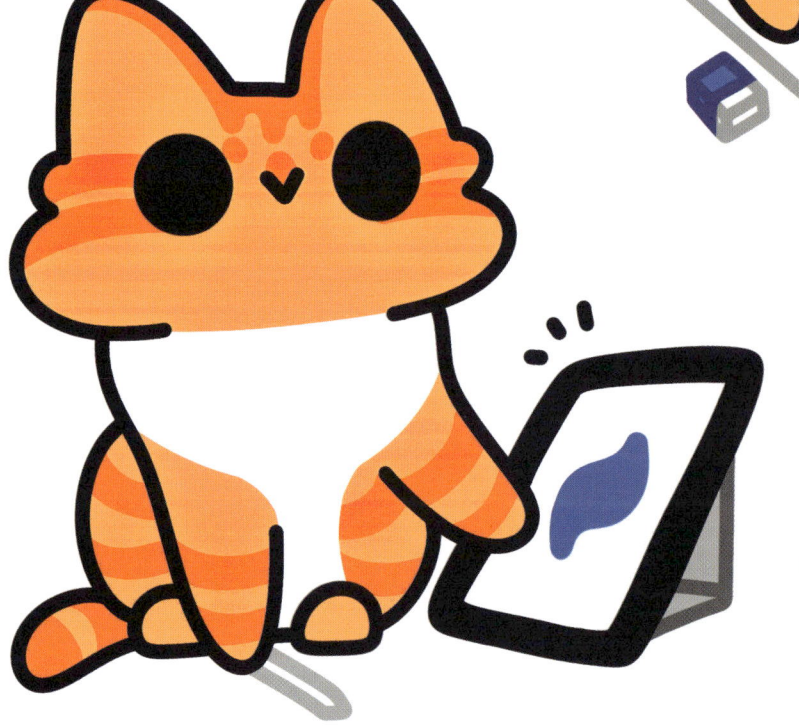

Cuando dibujes digitalmente, empieza a colorear por el color de base principal del gato.

Cómo colorear gatos blancos y gatos negros

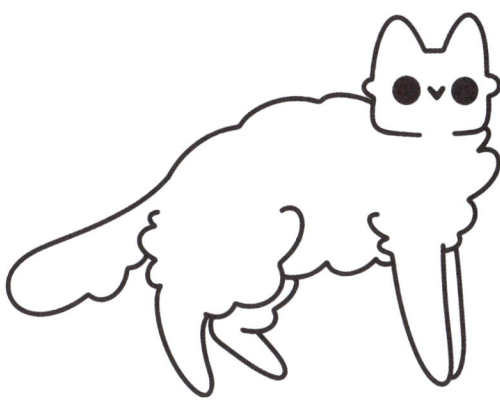

1 Aquí puedes ver cómo conseguir que un gato blanco parezca más divertido. Al fin y al cabo, no es **solo** blanco.

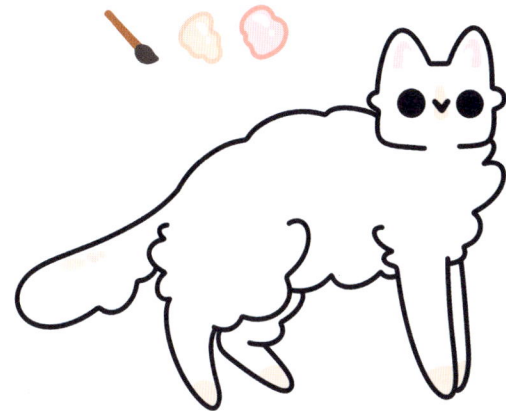

2 Aplica un poco de crema o gris claro en la cara, las zarpas y la cola. Si coloreas de rosa claro el interior de las orejas, le darás un toque muy adorable.

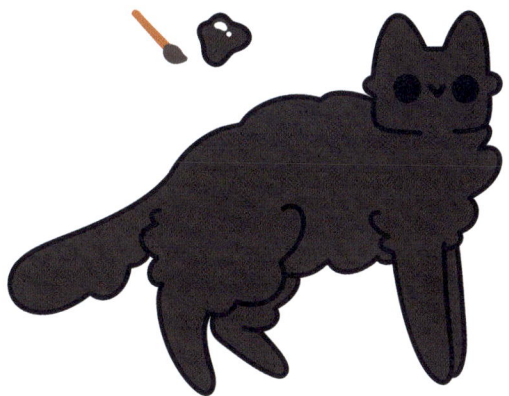

1 Para colorear un gato negro, si eliges el negro puro como color de base, no verás los contornos. Prueba a aplicar un gris o un marrón muy oscuros como color de base.

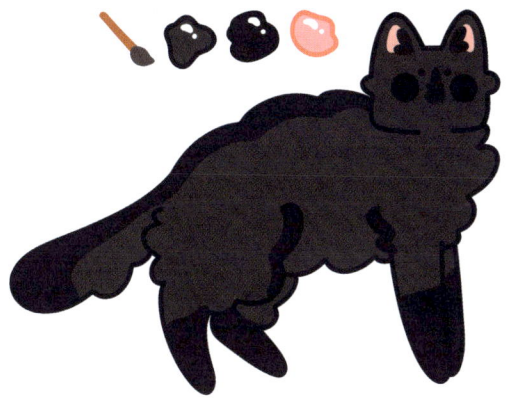

2 A continuación, puedes añadir los detalles en negro puro. No te olvides del rosa en el interior de las orejas.

Cómo colorear gatos grises

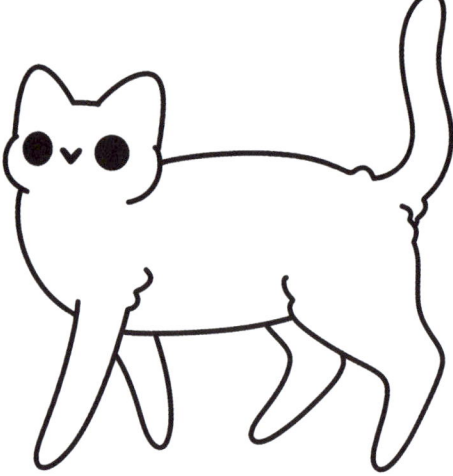

1 Los gatos grises suponen todo un reto. Veamos las diferentes formas de colorearlos.

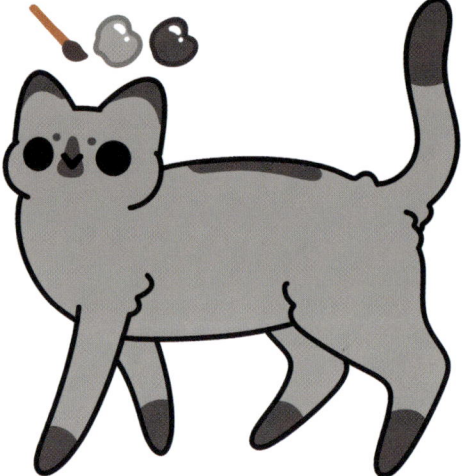

2 Este gato es de color **gris neutro**. Eso significa que es de un gris puro, sin que se hayan añadido otras tonalidades.

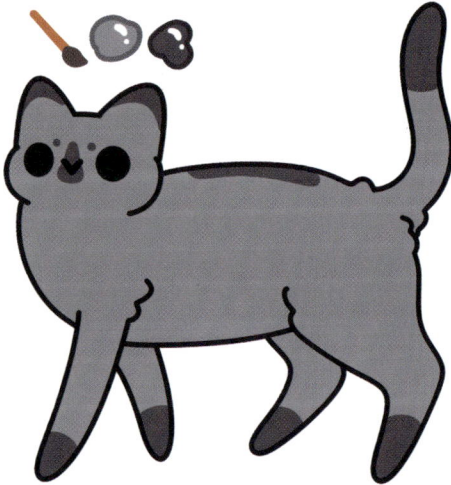

3 Este gato es de color **gris frío**, un gris que tiende al azul.

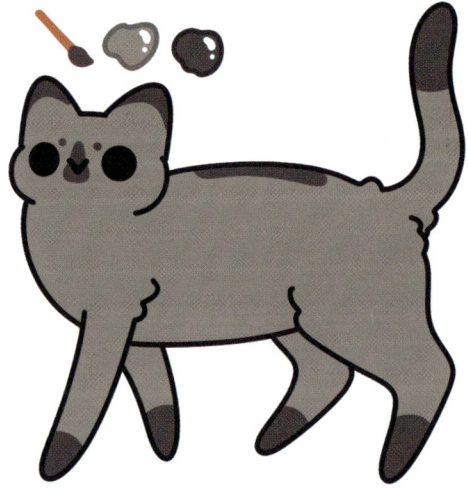

4 Este gato es de color **gris cálido**, por lo que tiende más al rojo.

Aprende a dibujar tiernos gatitos

El doble de divertido: cómo colorear gatos bicolores

Estos gatos tienen el pelaje blanco y de otro color. Pero, si creías que solo pueden ser blancos y negros, estás muy equivocado. Echemos un vistazo más de cerca al pintoresco mundo de los gatos bicolores.

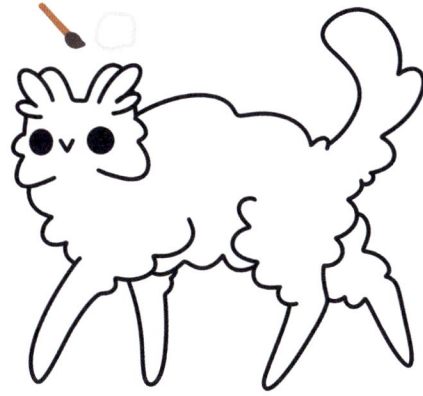

1 Para dibujar un gato con manchas, empieza con una base blanca.

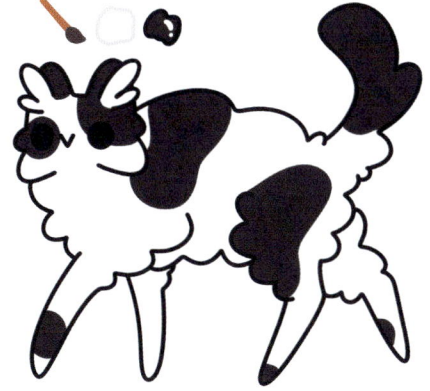

2 Este gato tiene manchas blancas y negras, como si fuera una vaca.

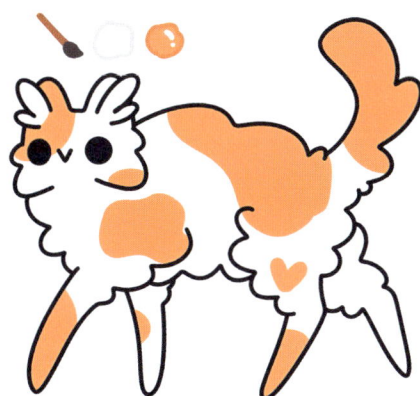

3 Este gato es blanco y naranja. A veces, las partes naranjas también tienen rayas.

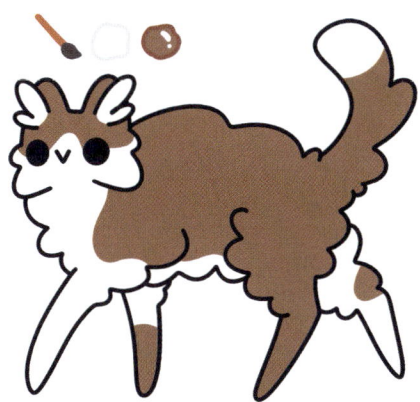

4 Este gato es blanco y marrón. Algunos gatos bicolores tienen menos partes blancas que otros.

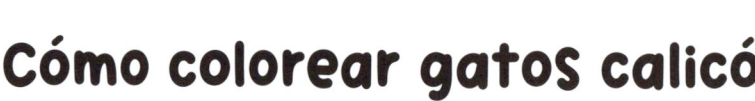

Cómo colorear gatos calicó

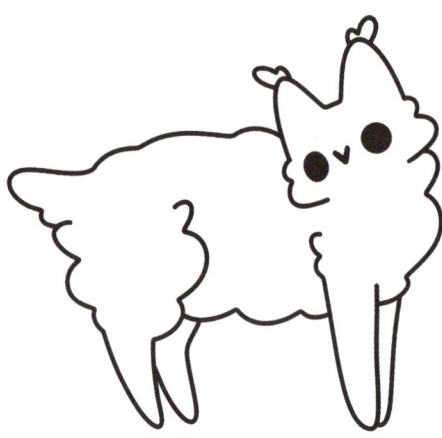

1 Los gatos calicó tienen unos colores muy singulares y divertidos. Su color de base suele ser blanco o crema.

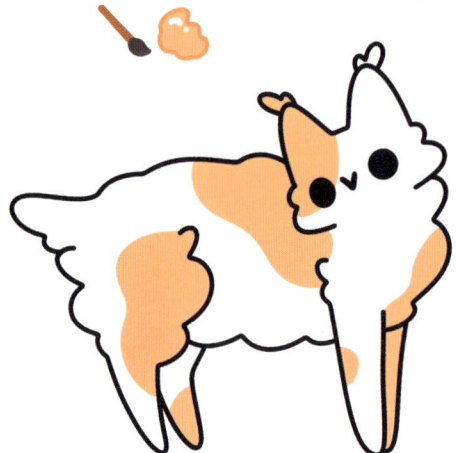

2 Me gusta empezar por el naranja y pintarle divertidas manchas de color.

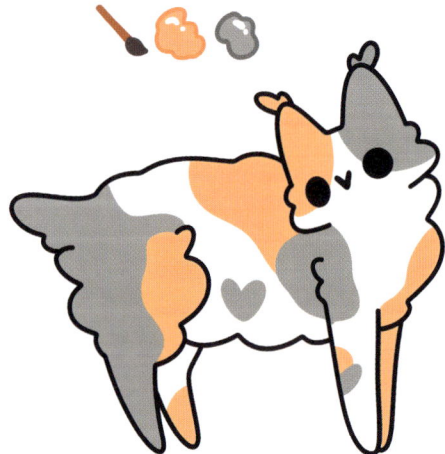

3 Su tercer color suele ser gris, marrón o negro, así que elige uno de ellos y añade más manchas. Los colores se pueden superponer.

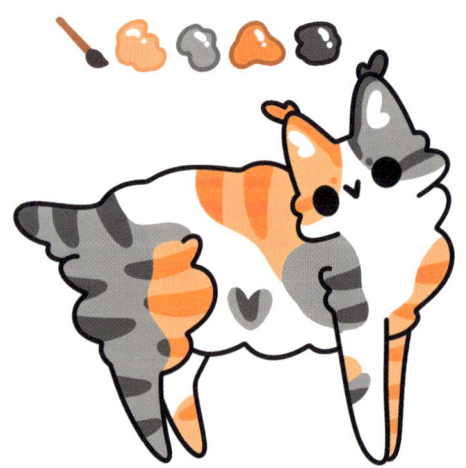

4 También puedes añadir rayas de un tono más oscuro de cada color si quieres que tu gato calicó tenga más detalles.

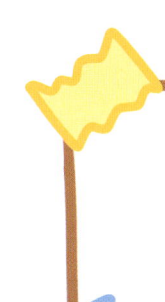

Cómo colorear gatos carey

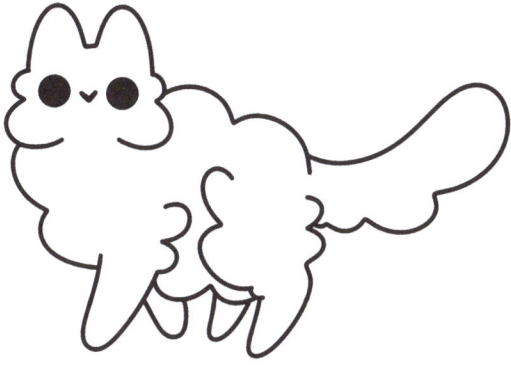

1 Los gatos carey, también conocidos como gatos tortuga, no son tan difíciles de dibujar como parece.

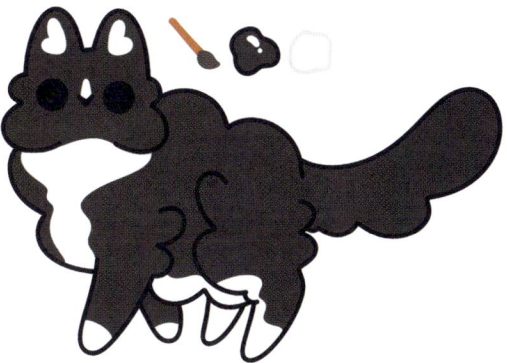

2 Tal como hicimos con el gato negro, empieza con un gris muy oscuro. He añadido algunos detalles blancos y, si lo dejas así, obtendrás un gato bicolor. ¡Qué elegante!

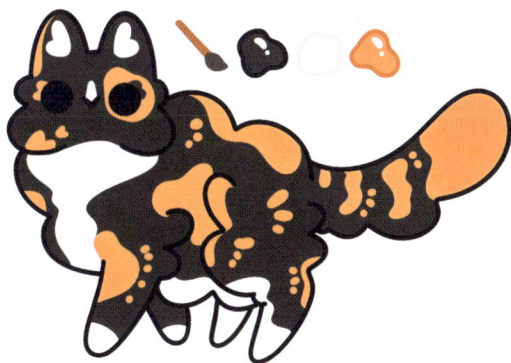

3 Ahora, en naranja, colorea las manchas más disparatadas y cuquis que puedas imaginar. ¡No te lo pienses demasiado!

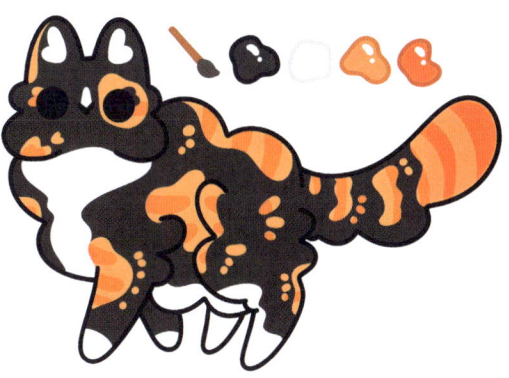

4 Para conseguir un resultado más detallado, añade rayas y puntos naranjas más oscuros a las manchas naranjas más claras.

Cómo colorear gatos atigrados

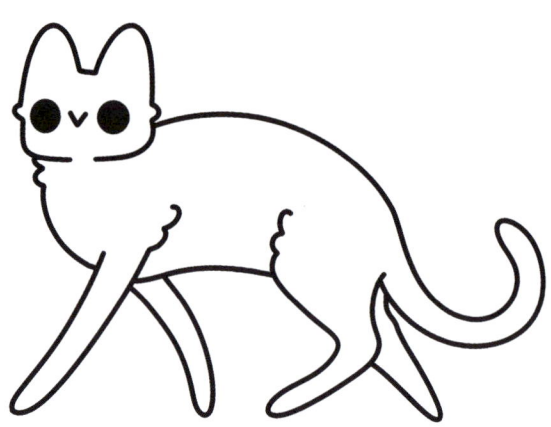

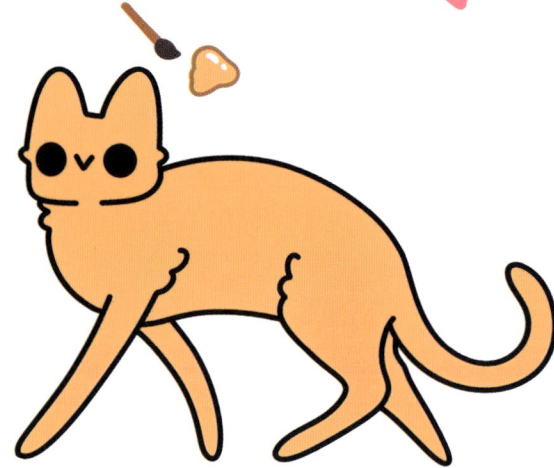

1 Los gatos atigrados tienen divertidas rayas o manchas para colorear.

2 Elige tu color principal, o de base. Yo he utilizado el naranja.

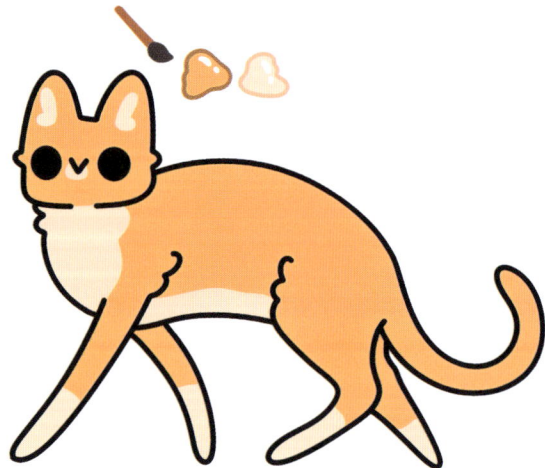

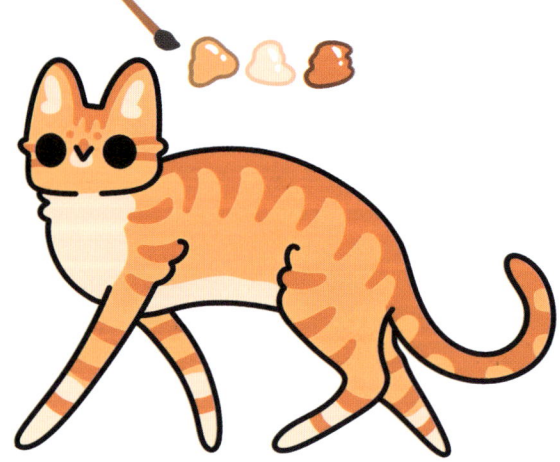

3 Aplica zonas de color claro en la cara, el pecho, el abdomen y las patas. Puede ser desde blanco hasta un tono más claro del color de base.

4 Ahora, añade unas sencillas rayas en un tono más oscuro y llamativo del color de base. Elige el que más te guste.

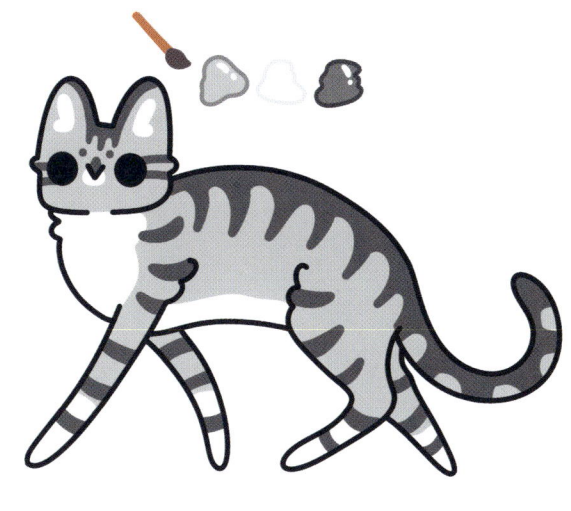

5 Esta técnica es aplicable a los gatos atigrados de **cualquier** color.

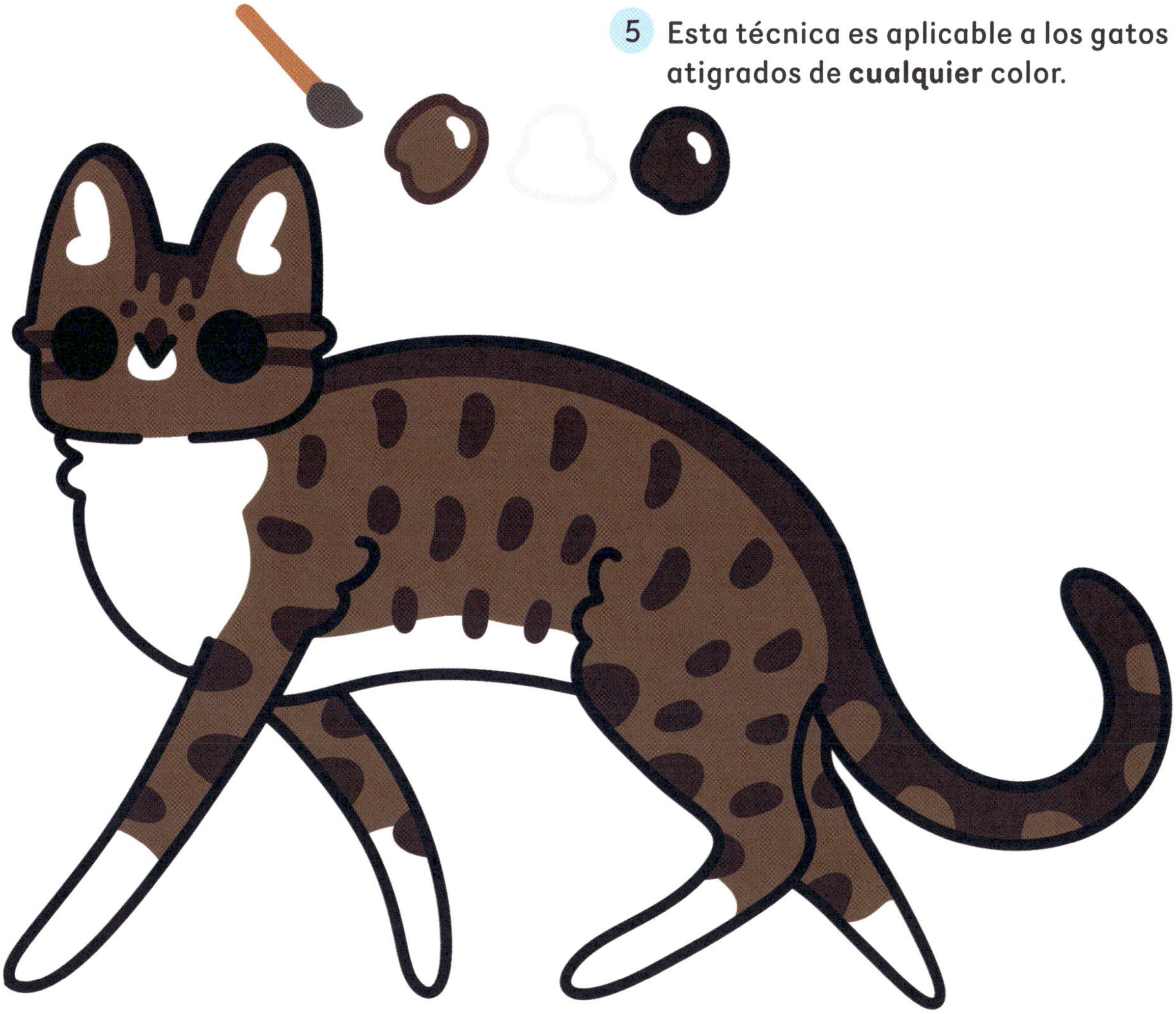

6 Si quieres dibujar un gato atigrado con manchas, solo tienes que aplicar manchas en lugar de rayas.

Cómo colorear
gatos siameses

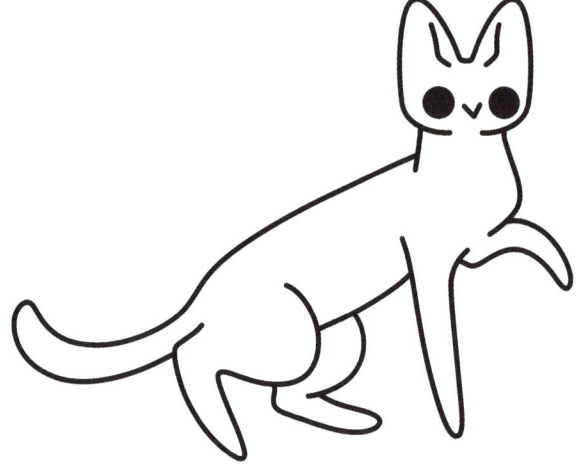

1 Aquí te enseñaré a colorear gatos siameses, así como gatos *ragdoll*, que tienen un pelaje similar.

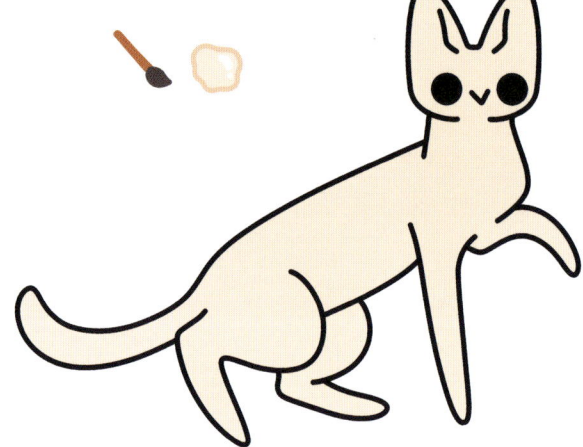

2 Empieza con un bonito beis arena.

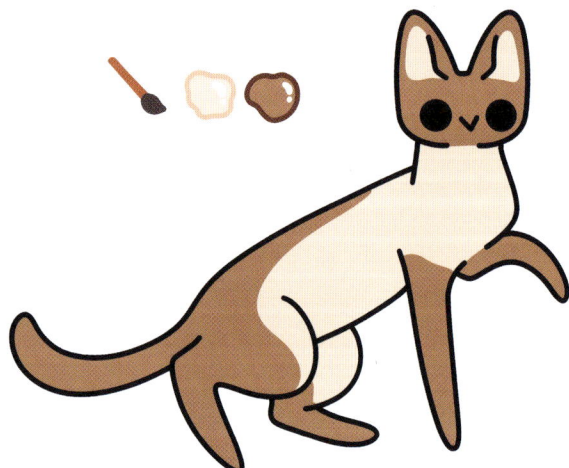

3 Con un marrón caramelo cálido, oscurece la cara, las patas y el lomo hasta llegar a la cola. Deja el interior de las orejas de un color claro.

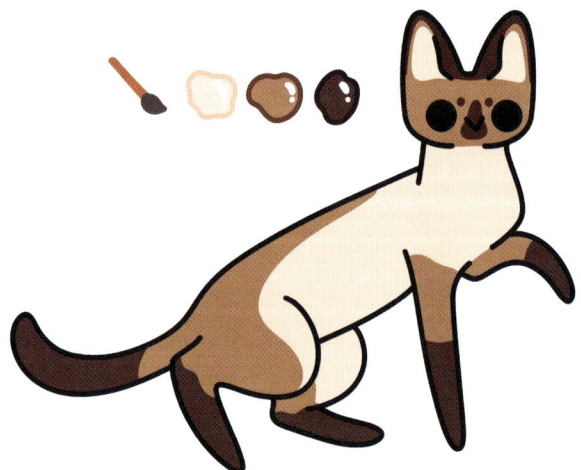

4 Con un marrón chocolate, oscurece la nariz, la parte exterior de las orejas y aproximadamente la mitad de las patas y la cola.

Aprende a dibujar tiernos gatitos

Cómo colorear gatos bengalíes

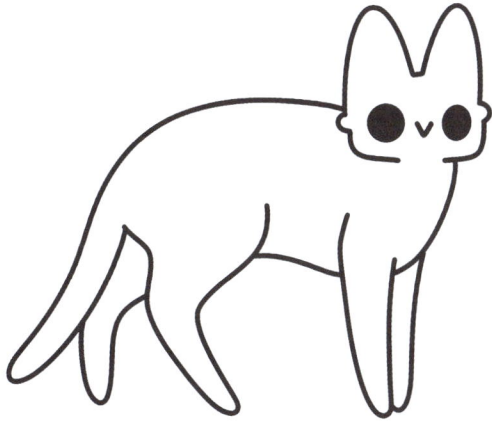

1 Así puedes colorear fácilmente un exótico gato bengalí.

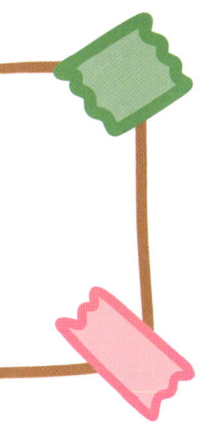

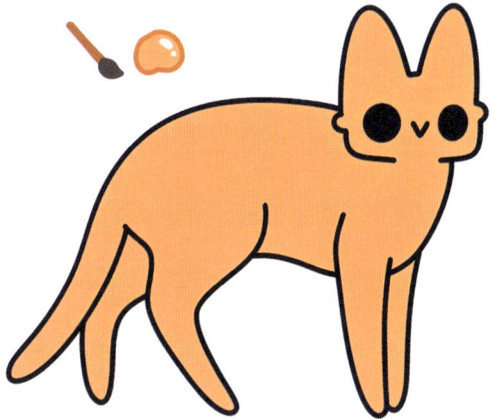

2 Empieza con un color de base entre naranja y marrón.

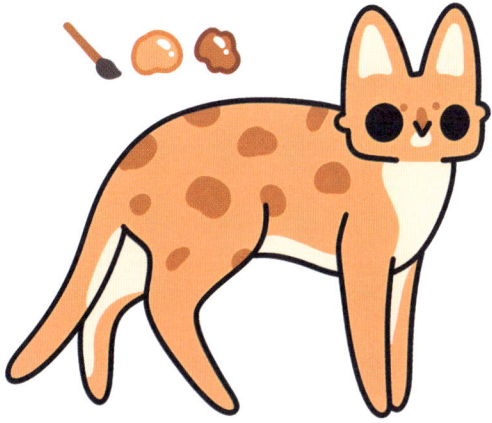

3 Con un color marrón rojizo, dibuja pequeñas manchas en el cuerpo, así como en la parte superior de la nariz y los ojos.

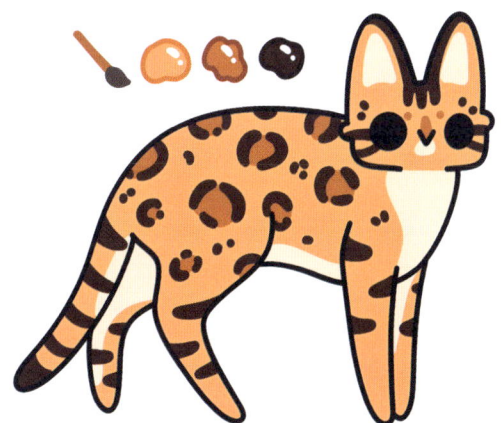

4 Con un marrón oscuro, dibuja formas de alubia alrededor de cada mancha, así como puntos y rayas separados en el cuerpo y en la cara.

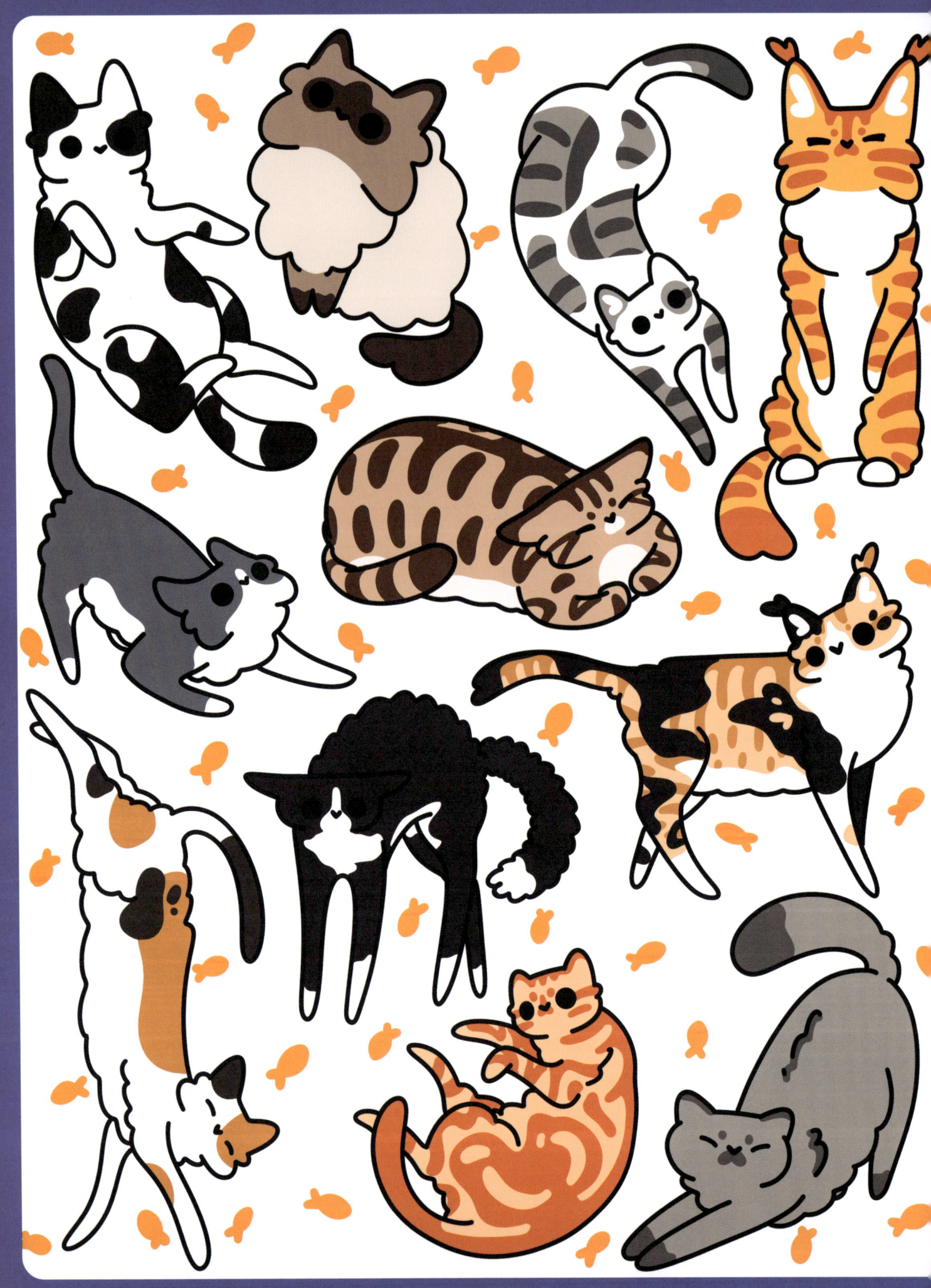

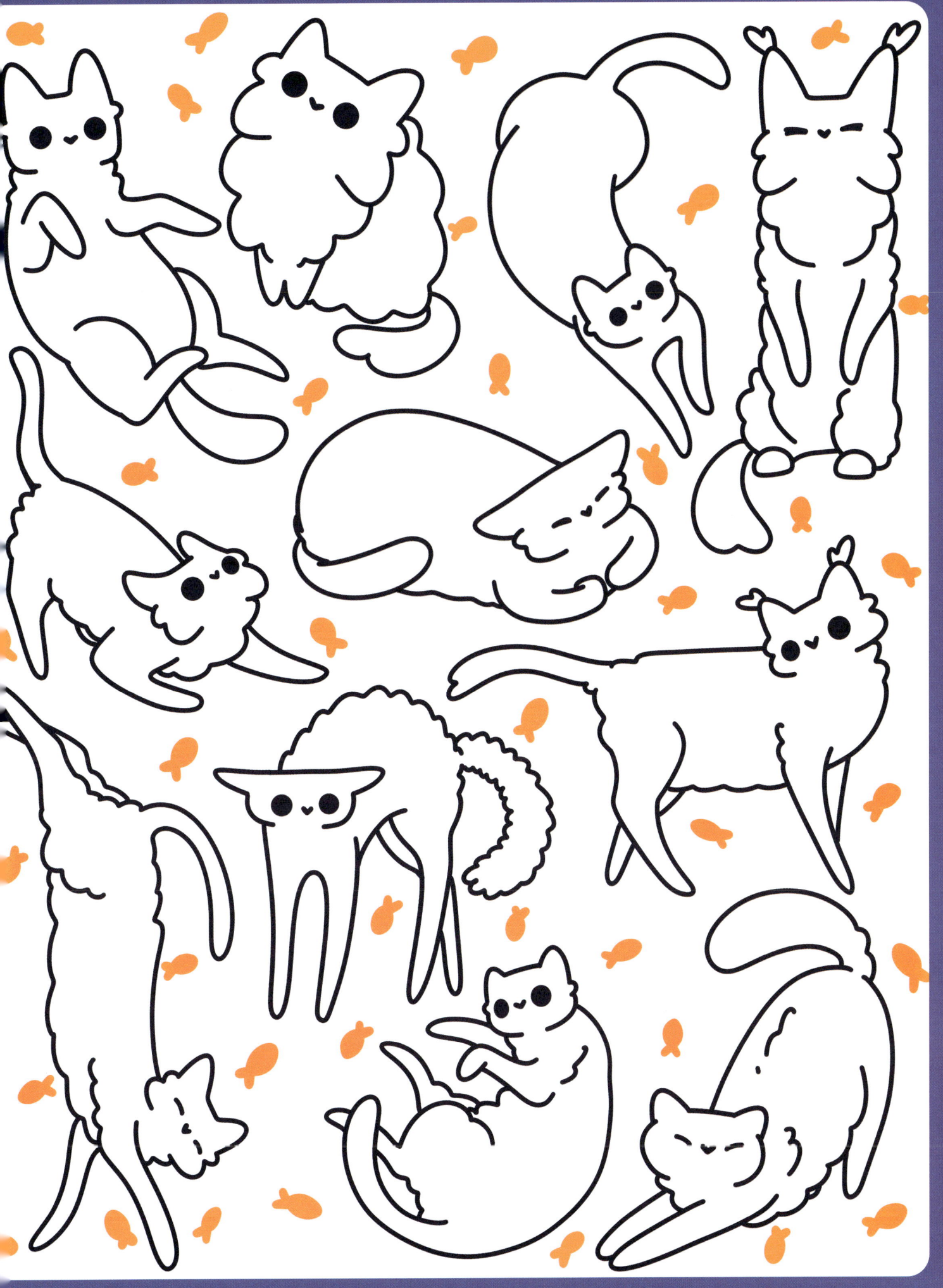

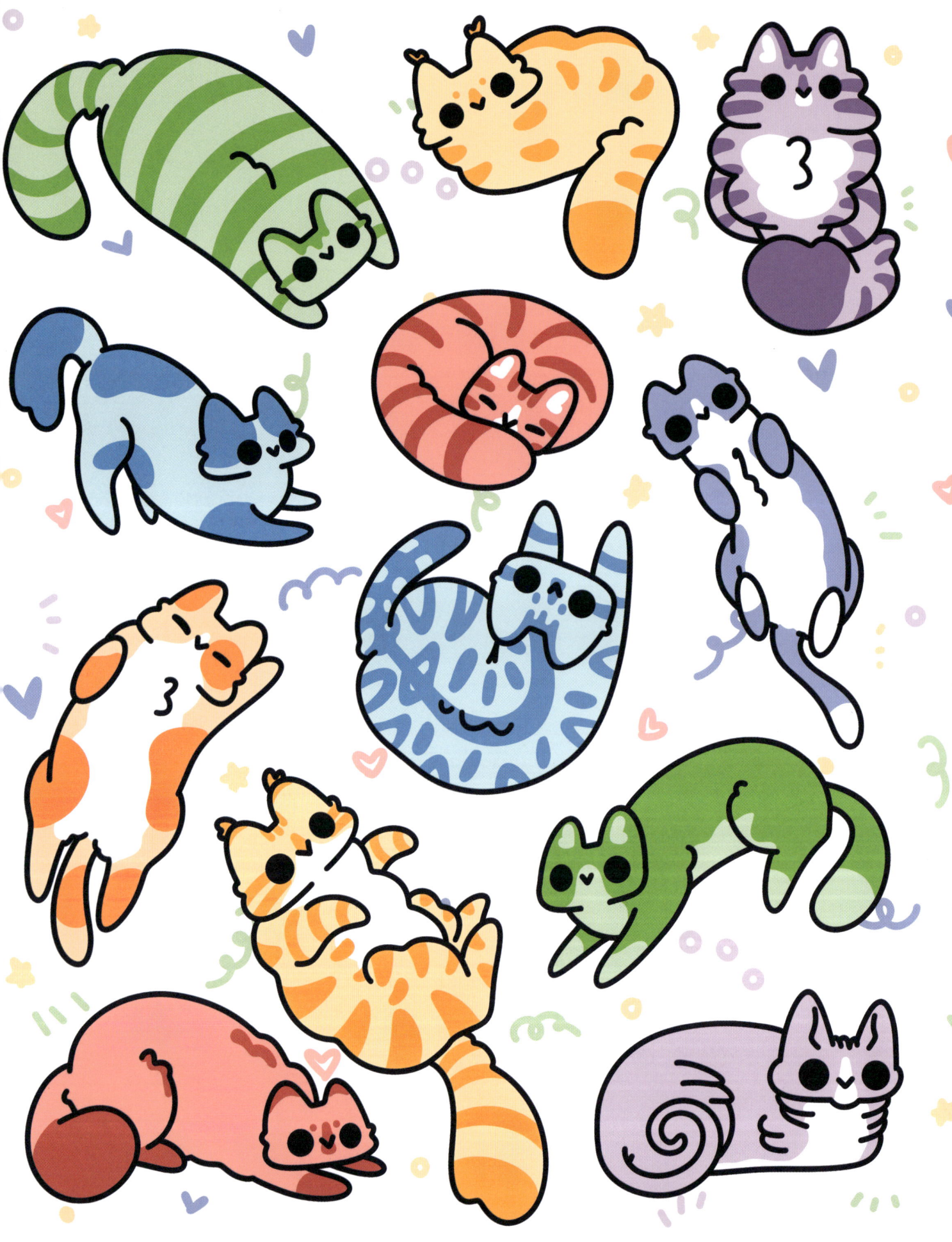

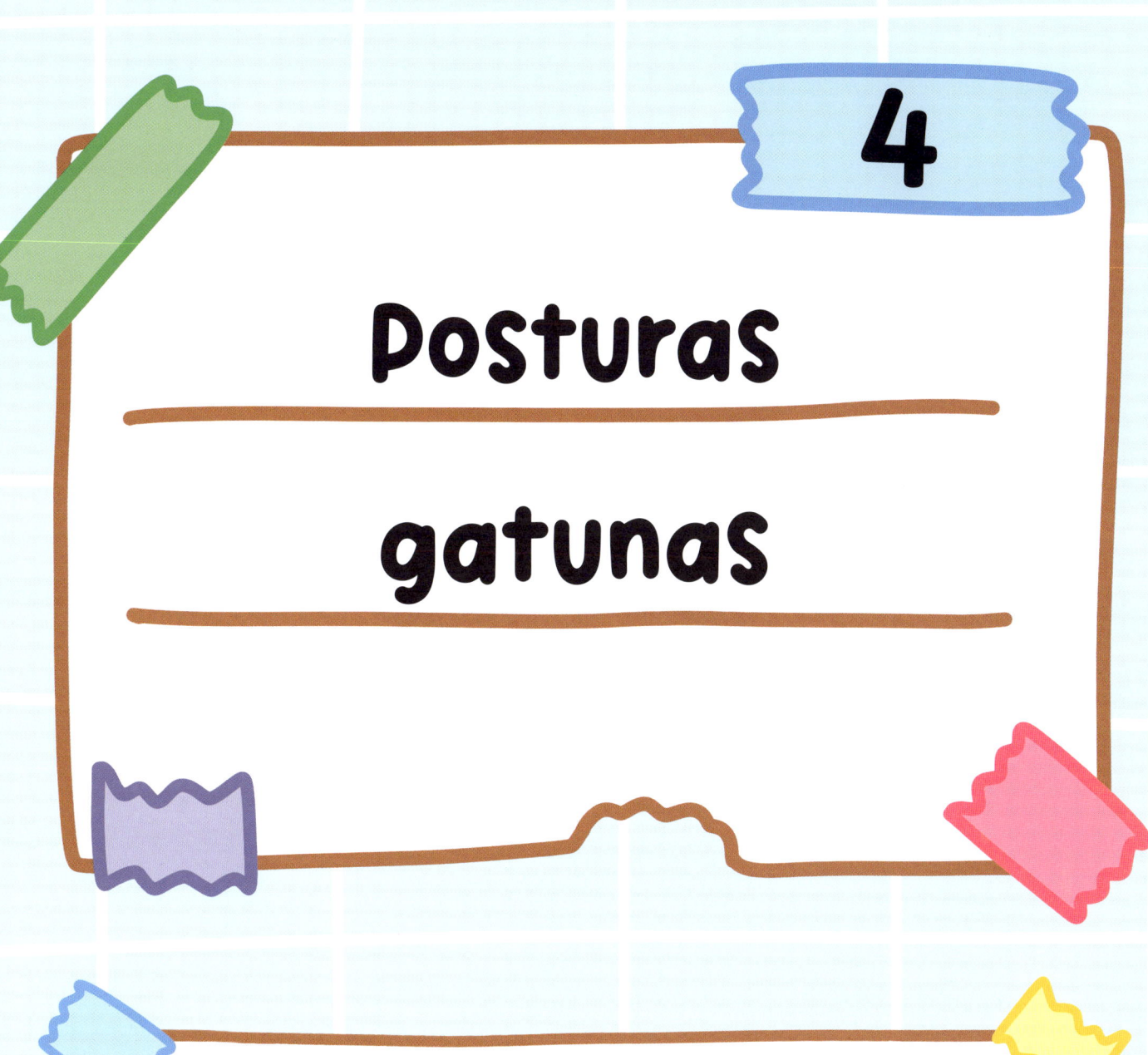

Posturas

gatunas

4

Ahora que hemos aprendido las nociones básicas, vamos a dibujar gatitos tiernos en todas las posturas habituales. Si alguna vez te quedas atascado a la hora de colorearlos o con el uso de las opciones digitales, tómate tu tiempo y revisa los capítulos anteriores.

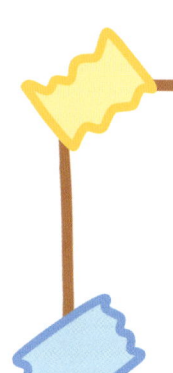
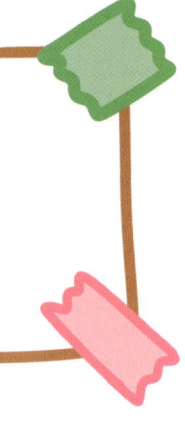

Gatito sentado

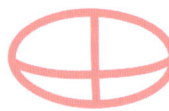
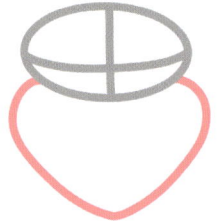

1 Dibuja un óvalo con una línea recta vertical en el centro. Traza una línea horizontal algo redondeada en la parte inferior.

2 Añade una figura en forma de fresa justo debajo del óvalo.

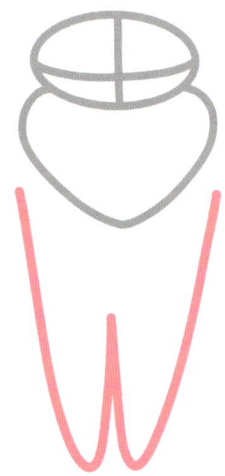
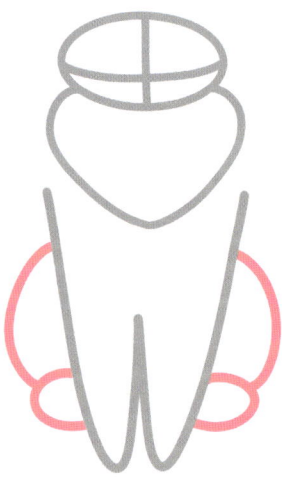
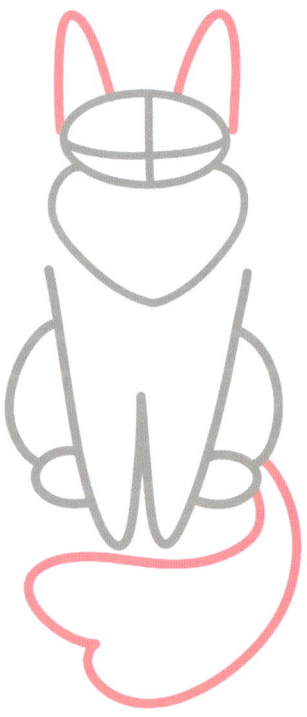

3 Deja un poco de espacio debajo de la fresa y dibuja una W con los extremos alargados.

4 A cada lado de la W, dibuja una C alargada que acabe en una «c» minúscula achatada en la parte inferior.

5 Ahora, dibuja las orejas y la cola.

6 Añade mechones en las orejas, las mejillas, el pecho y la parte superior de las patas. Dibuja la cara, con la nariz en forma de V donde se cruzan las dos líneas del paso 1.

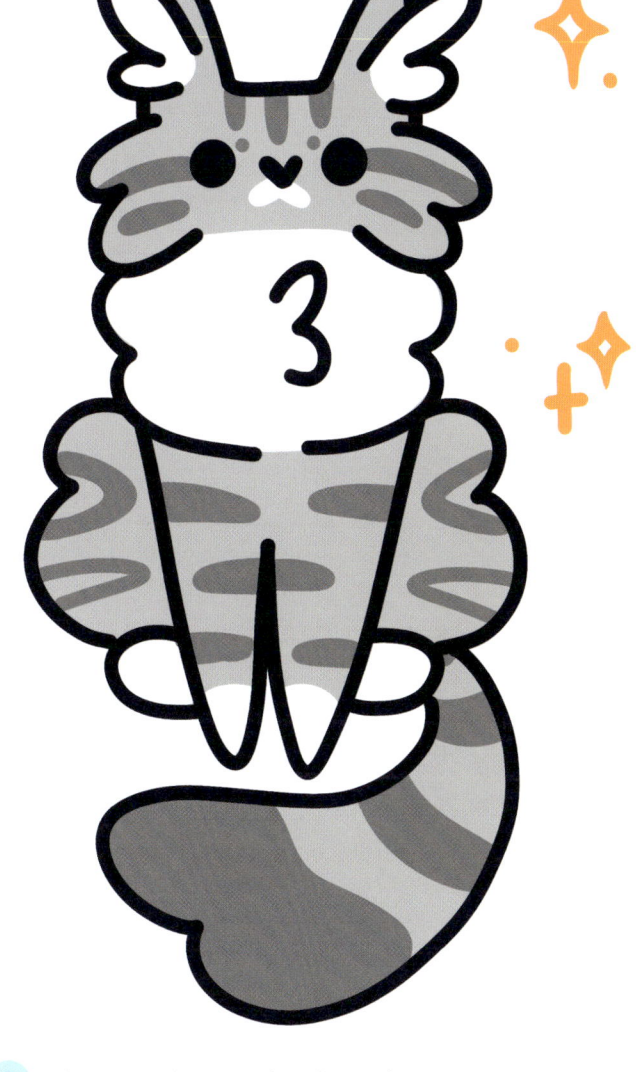

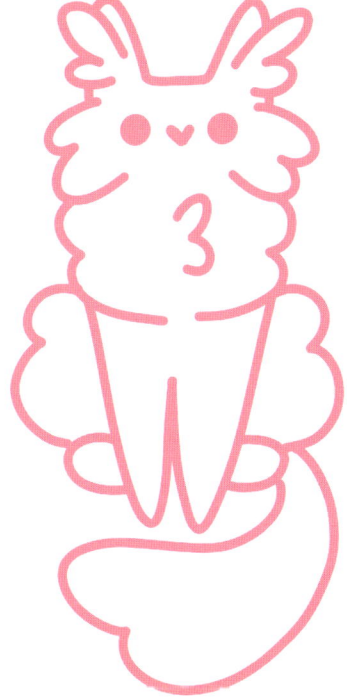

8 Ahora colorea el pelaje de tu gatito y admira su belleza.

7 Borra las guías.

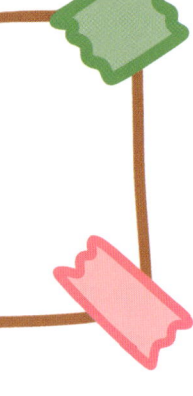

Gatito de pie

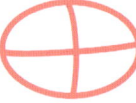

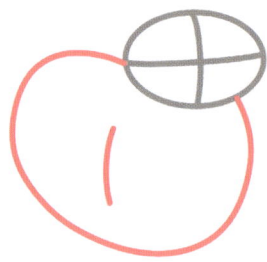

1 Dibuja un óvalo en el que el punto donde se cruzan las líneas este más cerca del centro.

2 Añade una figura en forma de patata debajo, con una curva como esta para indicar el omoplato.

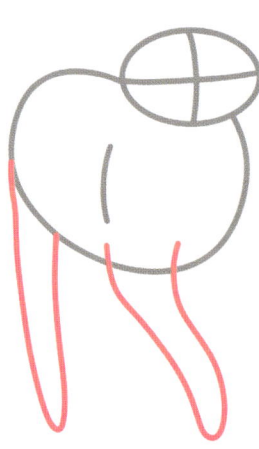

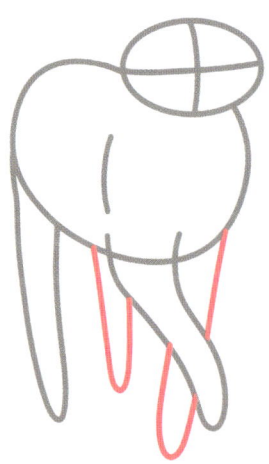

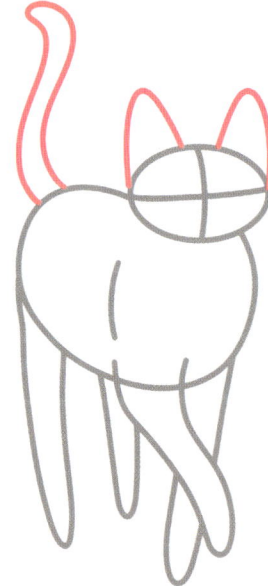

3 Primero, dibuja las patas del lado derecho, con la delantera un poco levantada.

4 Ahora, dibuja las del izquierdo, teniendo en cuenta que algunas partes quedan ocultas.

5 Ha llegado el momento de dibujar unas orejas puntiagudas y una cola curiosa.

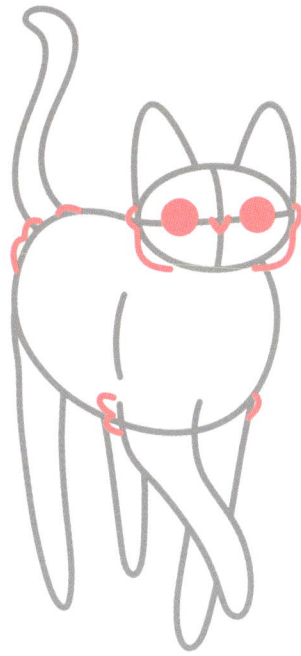

6 Dibuja la cara en la cruz del paso 1. Define las mejillas y añade algún que otro mechón de pelo.

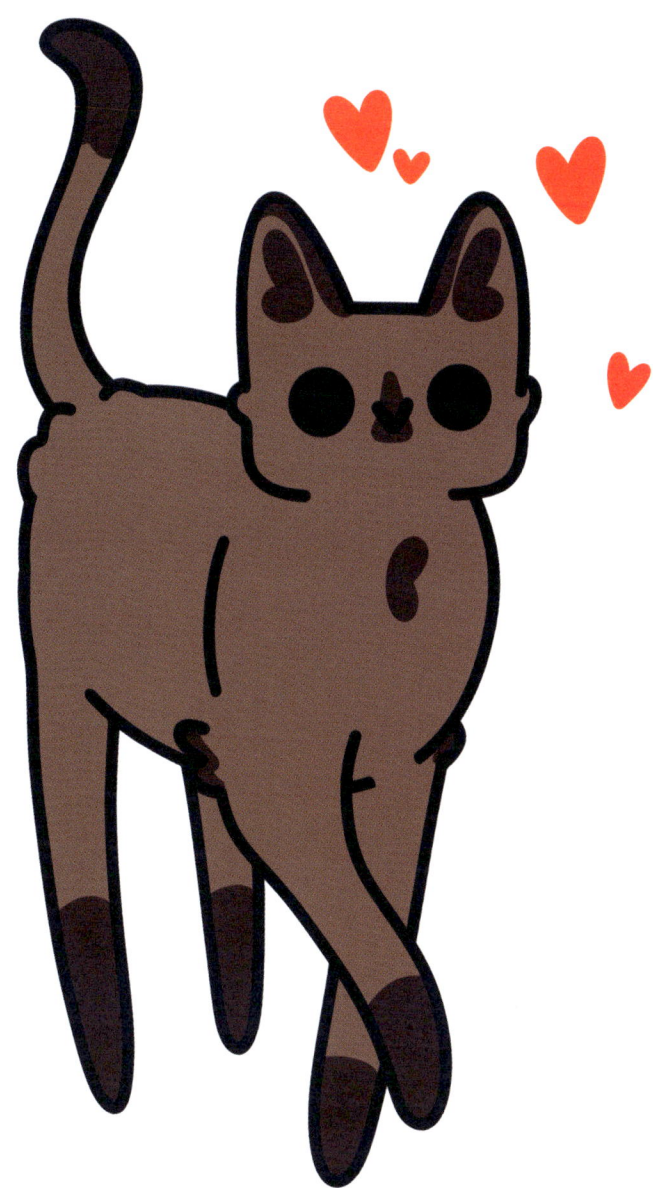

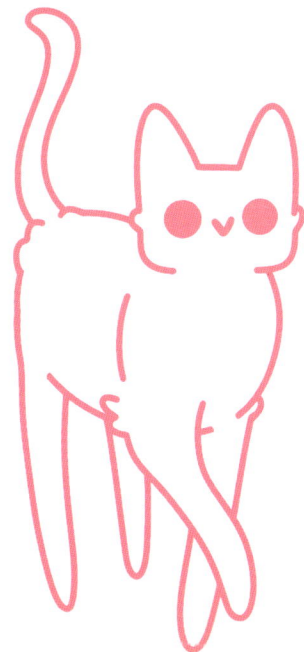

8 Hora de colorear. Hay pocos gatos marrones, así que vamos a alegrar el mundo con uno más.

7 ¡Listo! Borra todo lo que no quieras que se vea y perfila el contorno.

Bolita de peluche

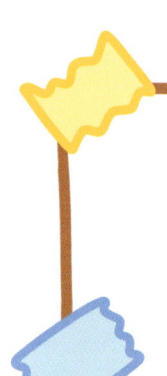
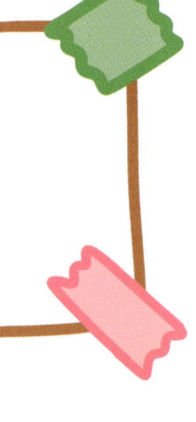

1 Dibuja un óvalo algo inclinado, con el punto donde se cruzan las líneas un poco a la izquierda.

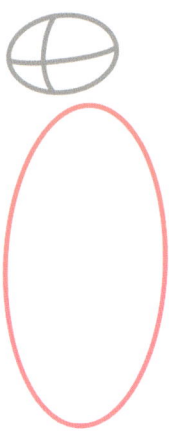

2 Añade un óvalo alargado debajo, dejando un poco de espacio entre las dos figuras.

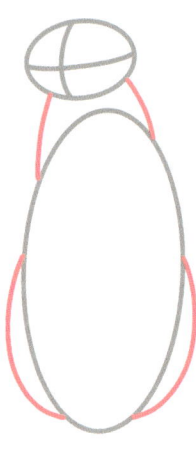
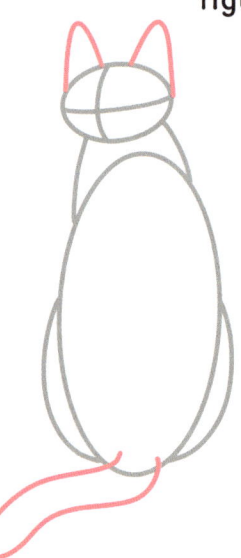
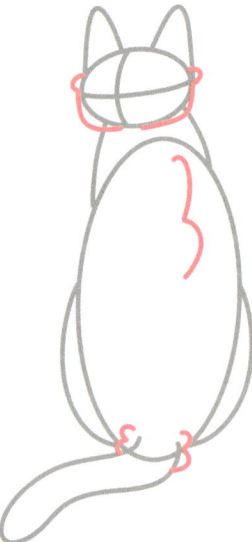

3 Une los óvalos con dos curvas en la parte superior. Traza dos curvas más largas en el óvalo inferior.

4 ¡Muy bien hecho! Es hora de añadir las orejas y la cola.

5 Ahora, define la forma de la cara y añade pelaje a la parte posterior y a los lados de la cola.

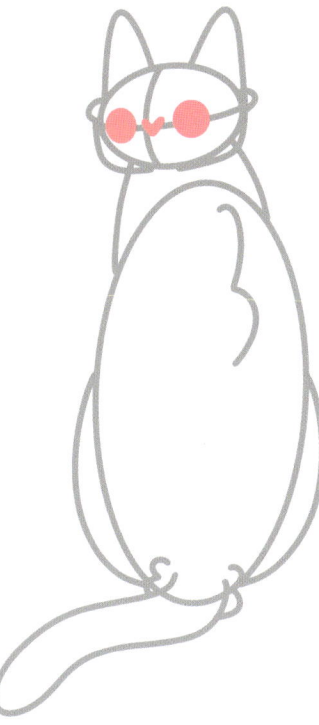

6 Vamos a dibujar la cara. No te olvides de colocar la nariz en el punto donde se cruzan las líneas.

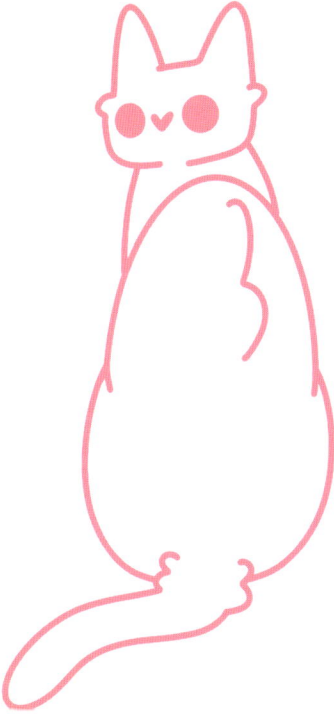

7 ¡Qué monada! Borra las guías y perfila el contorno.

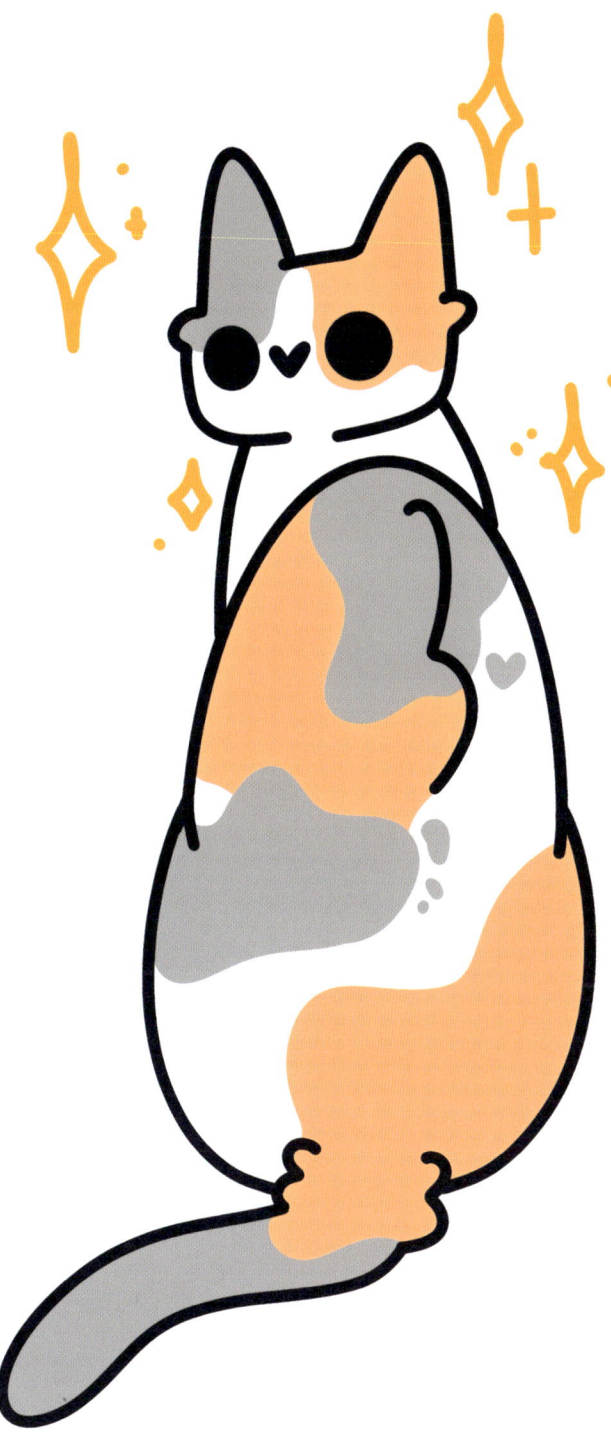

8 Lo que más me gusta es colorear, así que a este gatito lo voy a pintar de tres colores.

Gatito sentado de lado

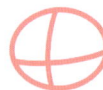

1 Este gato mirará un poco de lado, así que dibuja el óvalo y la cruz según corresponda.

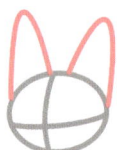

2 Añade dos orejas largas y puntiagudas. Vamos a dibujar un gato de raza Maine Coon.

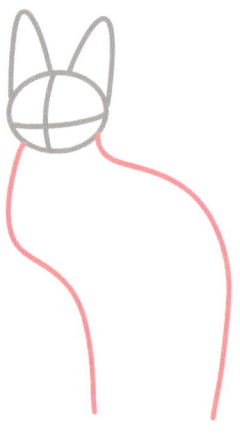

3 Para el cuerpo, traza dos líneas curvas que salgan de la cabeza, como arriba.

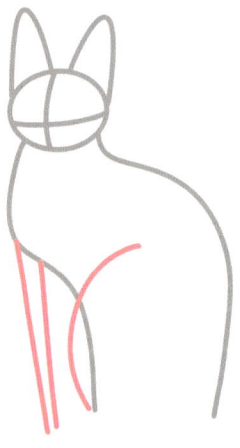

4 Traza dos líneas rectas algo inclinadas para las patas delanteras y una suave curva para la parte superior de la pata trasera.

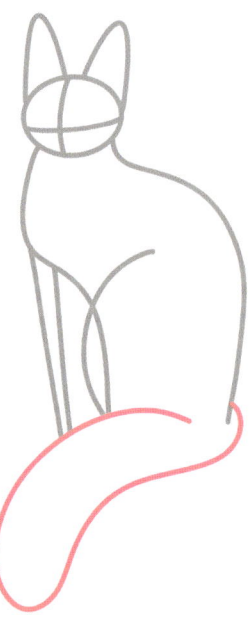

5 Es hora de añadir la cola. Hazla muy gruesa y muy larga.

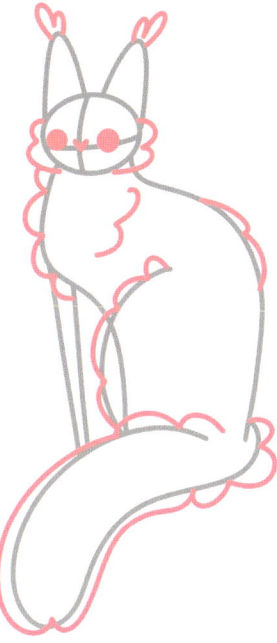

6 Traza el contorno de este gato de raza Maine Coon, de modo que el pelaje en forma de nubes sea lo más mullido posible.

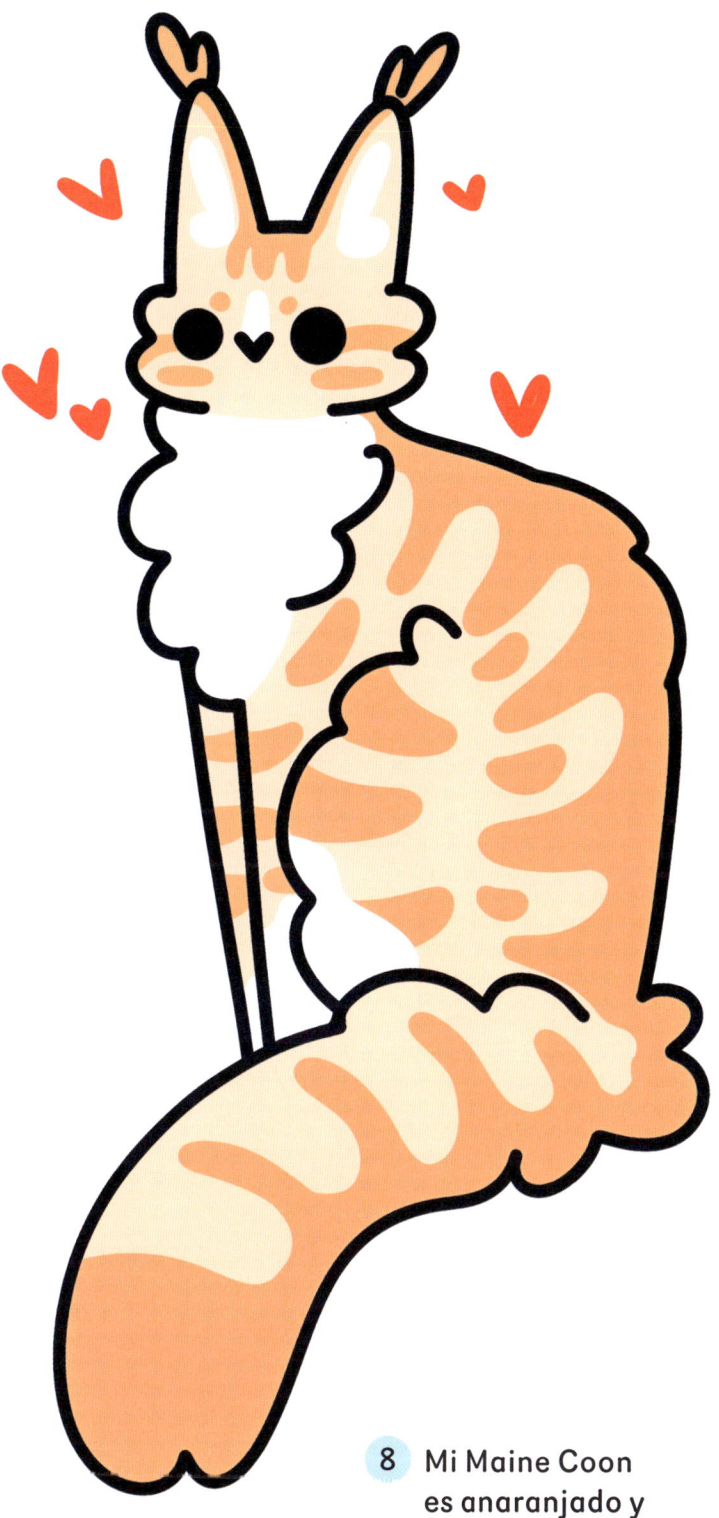

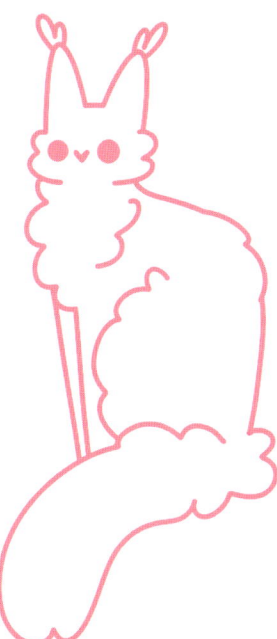

7 ¡Increíble! Ahora puedes borrar todas las guías.

8 Mi Maine Coon es anaranjado y atigrado. ¿Y el tuyo?

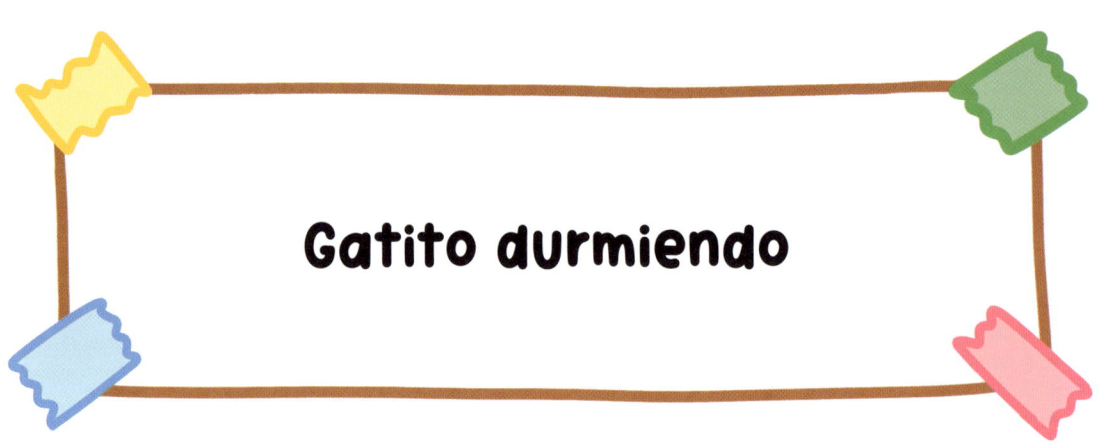

Gatito durmiendo

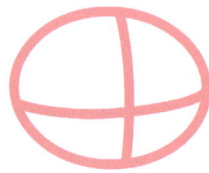

1 En primer lugar, traza el óvalo y las guías de costumbre.

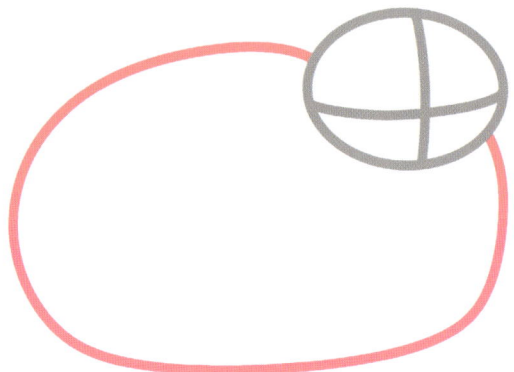

2 Dibuja una forma de patata justo debajo, de modo que el óvalo inicial quede superpuesto.

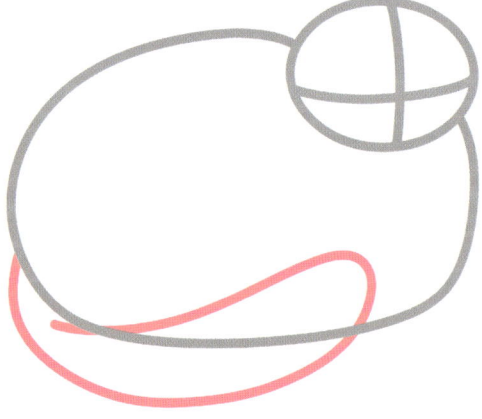

3 Añade una cola algo enroscada en el extremo inferior izquierdo de la patata. No la hagas demasiado delgada.

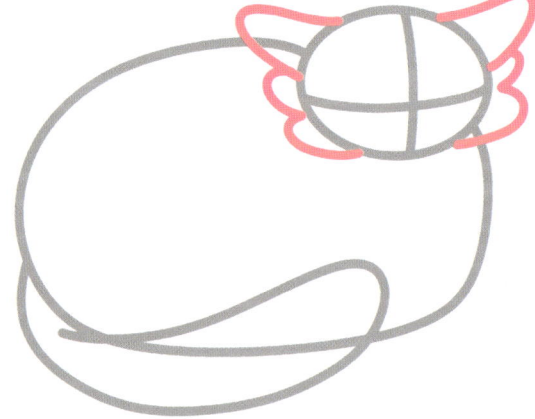

4 Ahora, dibuja las orejas y un poco de pelo en las mejillas.

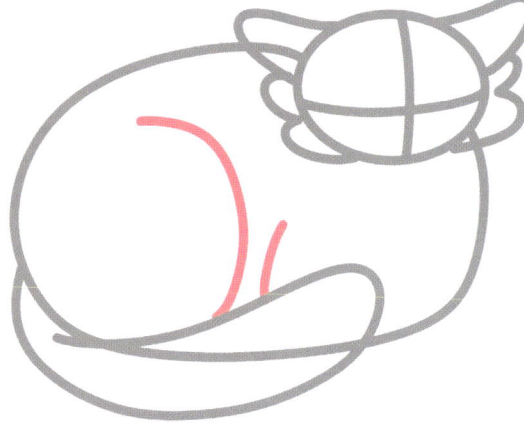

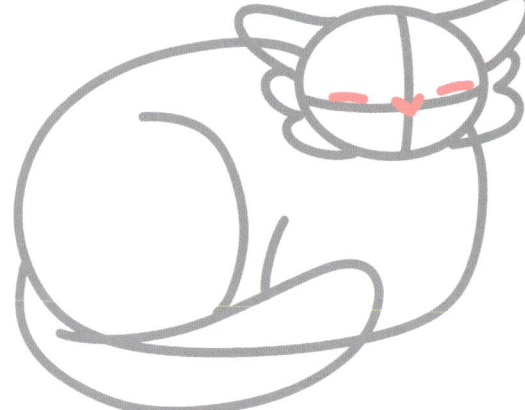

5 Marca la parte superior de la pata y el codo con dos líneas algo curvadas (la primera debe ser más redondeada que la segunda).

6 Dibújale cara de dormido. No te olvides de colocar la nariz en forma de V donde se cruzan las líneas del óvalo.

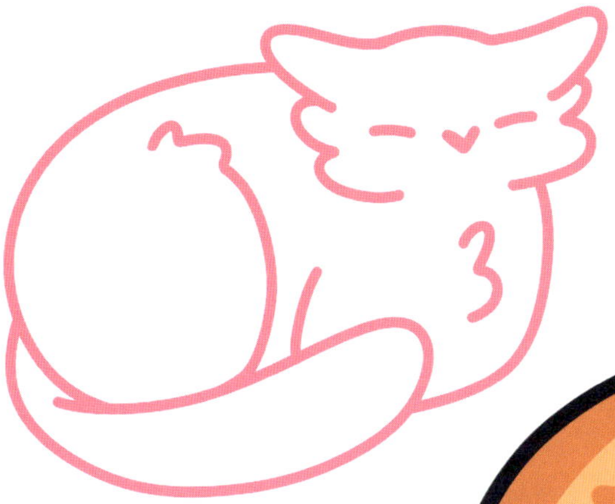

7 Borra las guías.

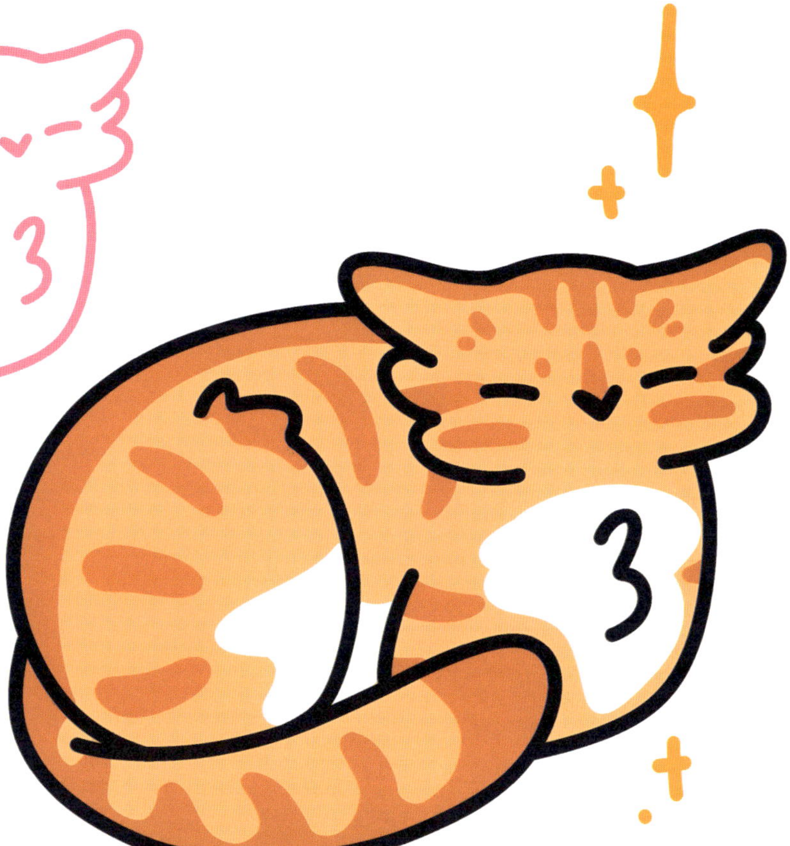

8 Coloréalo y admira a tu gatito durmiendo.

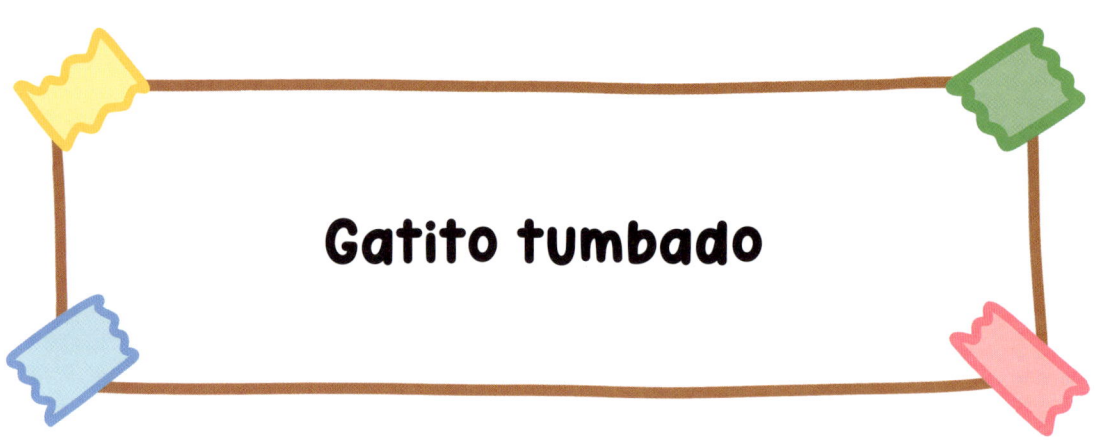

Gatito tumbado

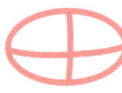

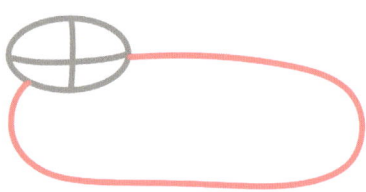

1 En primer lugar, dibuja un óvalo achatado para la cara.

2 Añade un óvalo muy largo justo debajo para el cuerpo tumbado.

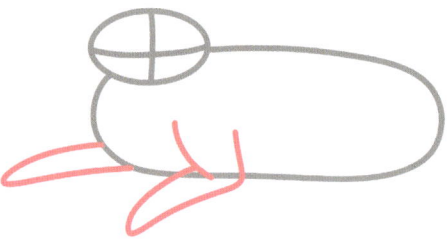

3 Dibuja las patas delanteras. Una está doblada y la otra, recta.

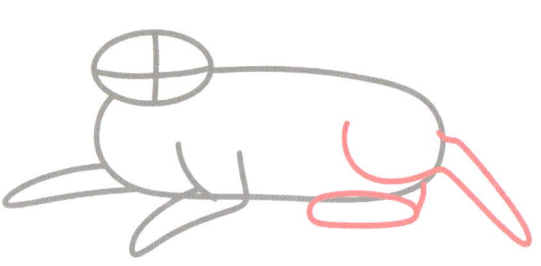

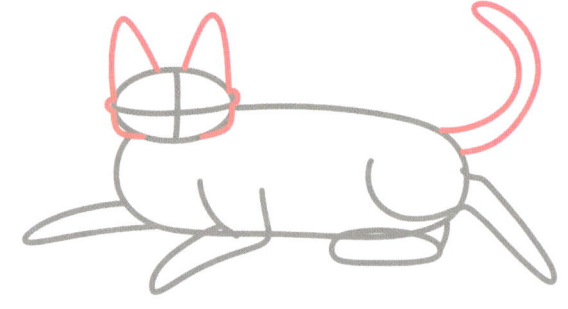

4 Presta atención a cómo dibujo las patas traseras e intenta hacerlas lo mejor posible. Son un poco raras.

5 ¡Bien! Ahora las orejas, las mejillas y la cola erguida.

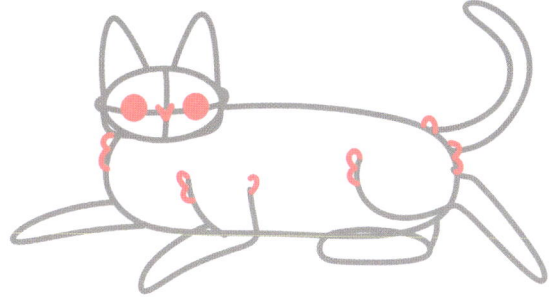 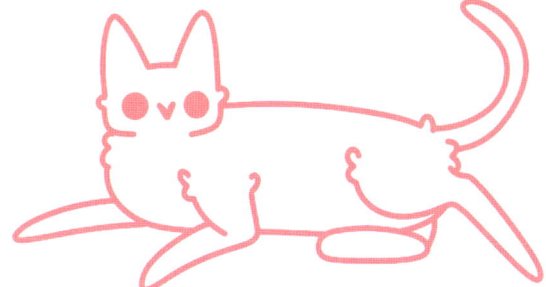

6 Dibuja la cara siguiendo las guías y añade un poquito de pelaje en las partes flexibles.

7 Ya puedes borrar las guías. Procura que este gato se vea lo más elegante posible.

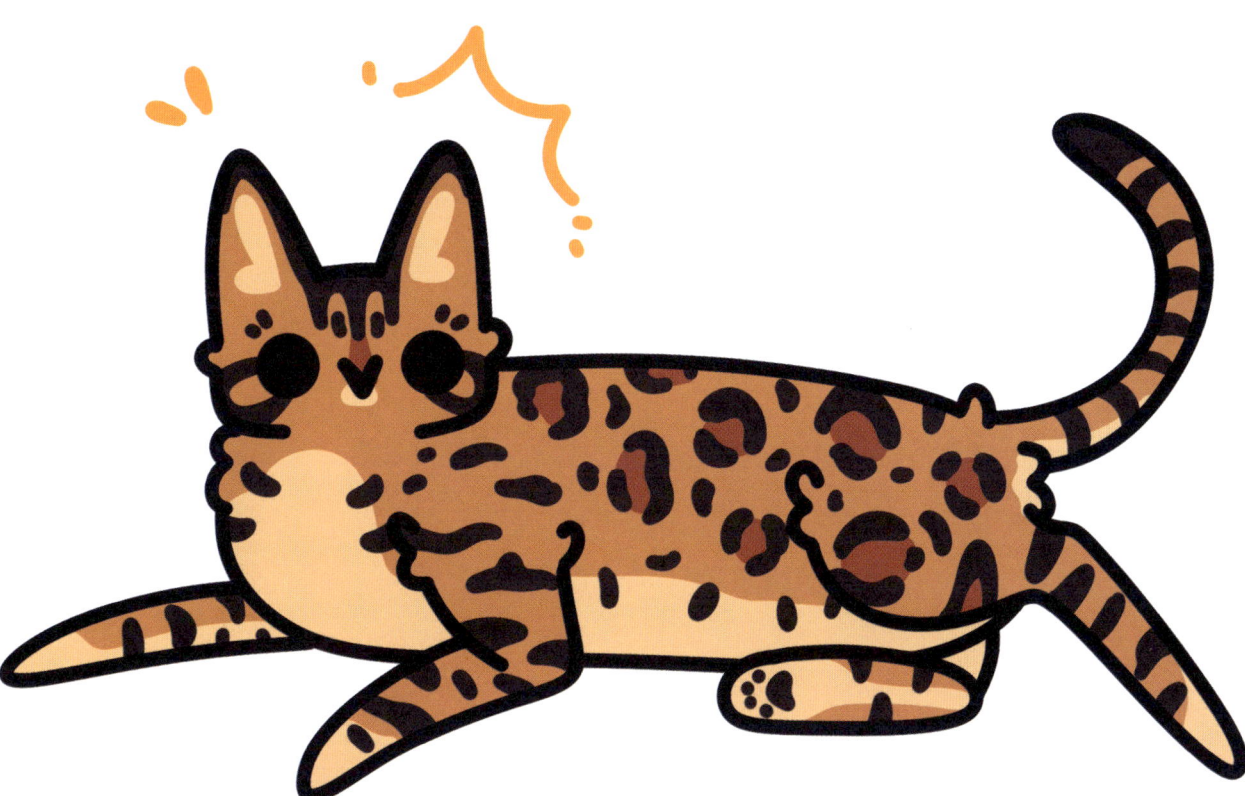

8 Es un gato bengalí. Repasa los ejercicios de coloreado del principio de este libro si necesitas ayuda con las manchas y rayas de tu gato.

Gatito hecho un ovillo

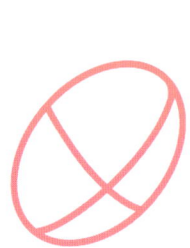

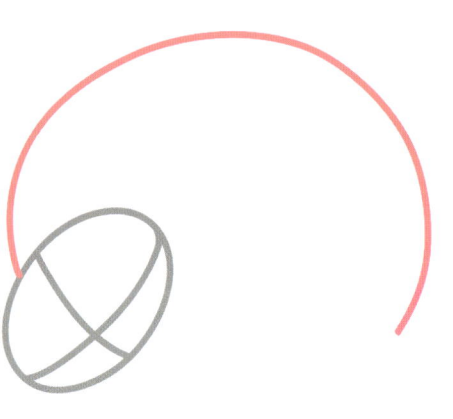

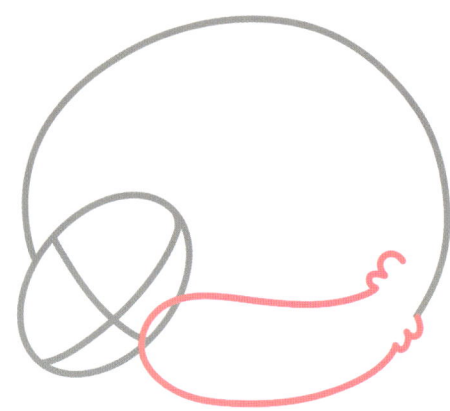

1 Dibuja un óvalo inclinado con las líneas centrales cruzándose hacia la parte inferior.

2 Para el cuerpo, traza una curva muy grande unida al óvalo. Este gato se ha dormido hecho un ovillo.

3 Dibuja la cola algo superpuesta a la cara.

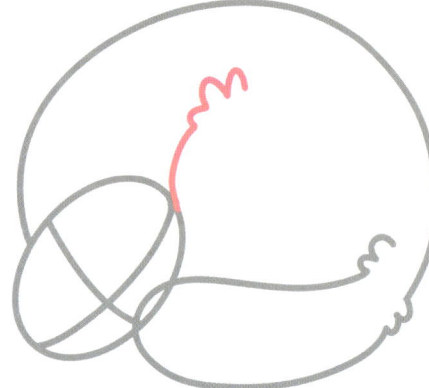

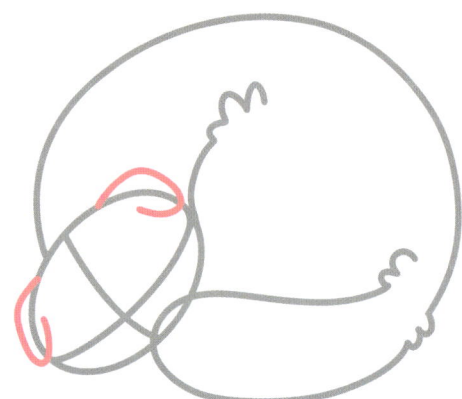

4 Traza una curva con algo de pelaje para la parte superior de la pata.

5 A este gato le vamos a dibujar las orejas caídas.

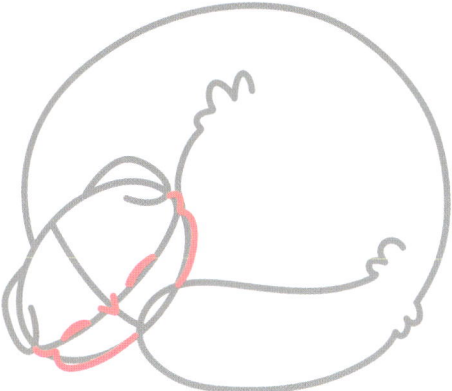

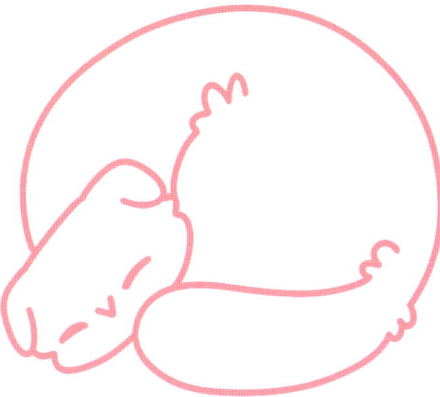

6 Añade los mofletes y los ojos cerrados con una expresión de felicidad.

7 ¡Qué cuqui! Ahora, borra las guías.

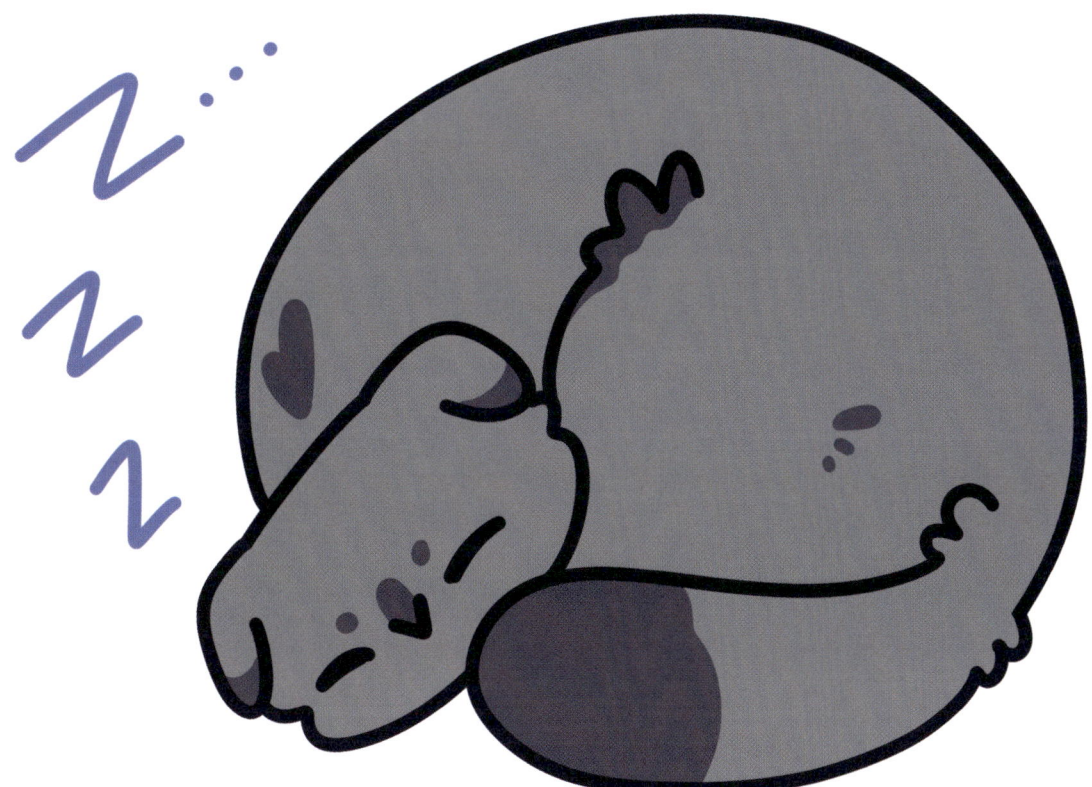

8 Coloréalo con distintos tonos de gris frío.

Gatito tumbado boca arriba

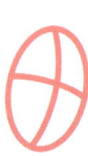

1 Dibuja el óvalo de la cara completamente de lado, con el punto donde se cruzan las líneas en medio.

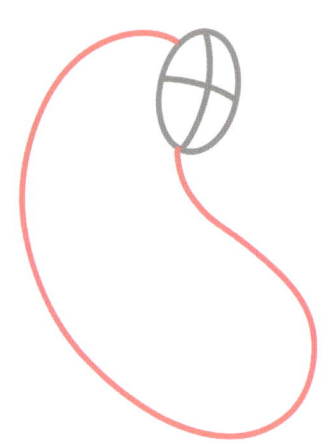

2 Añade una figura en forma de alubia alargada y curvada a la derecha.

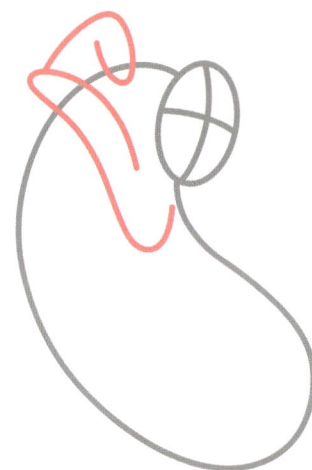

3 Dibuja las patas delanteras flexionadas.

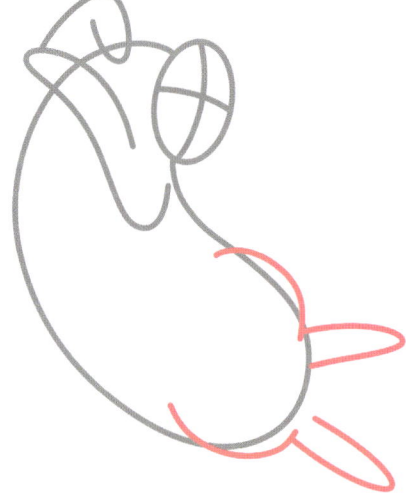

4 Ahora, las patas traseras. Son casi simétricas, pero no del todo.

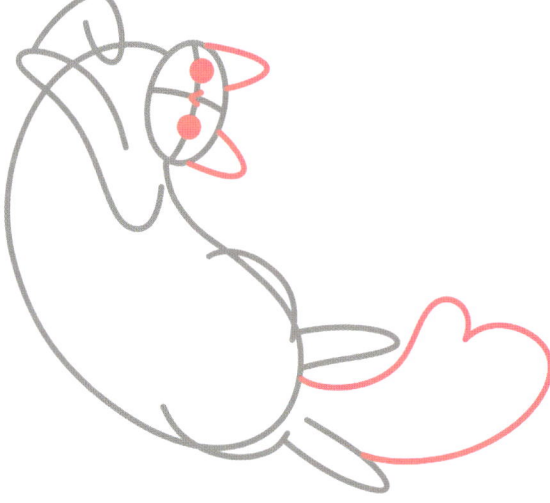

5 Dibuja las orejas y la cara. Este gato es muy peludo, con una cola enorme.

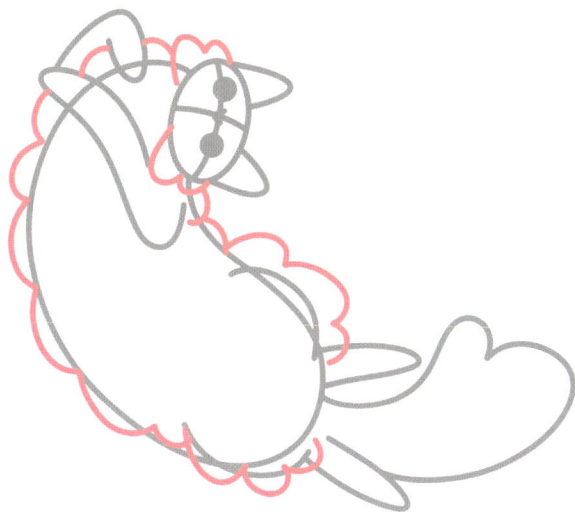

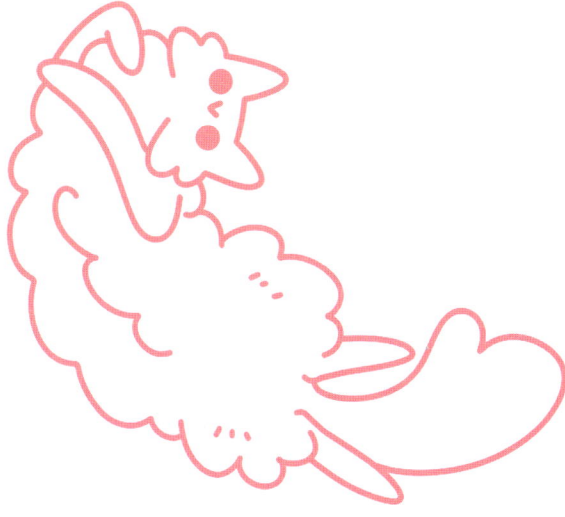

6 Ahora, añade el pelaje. Cuanto más, mejor.

7 Borra las guías y perfila el contorno.

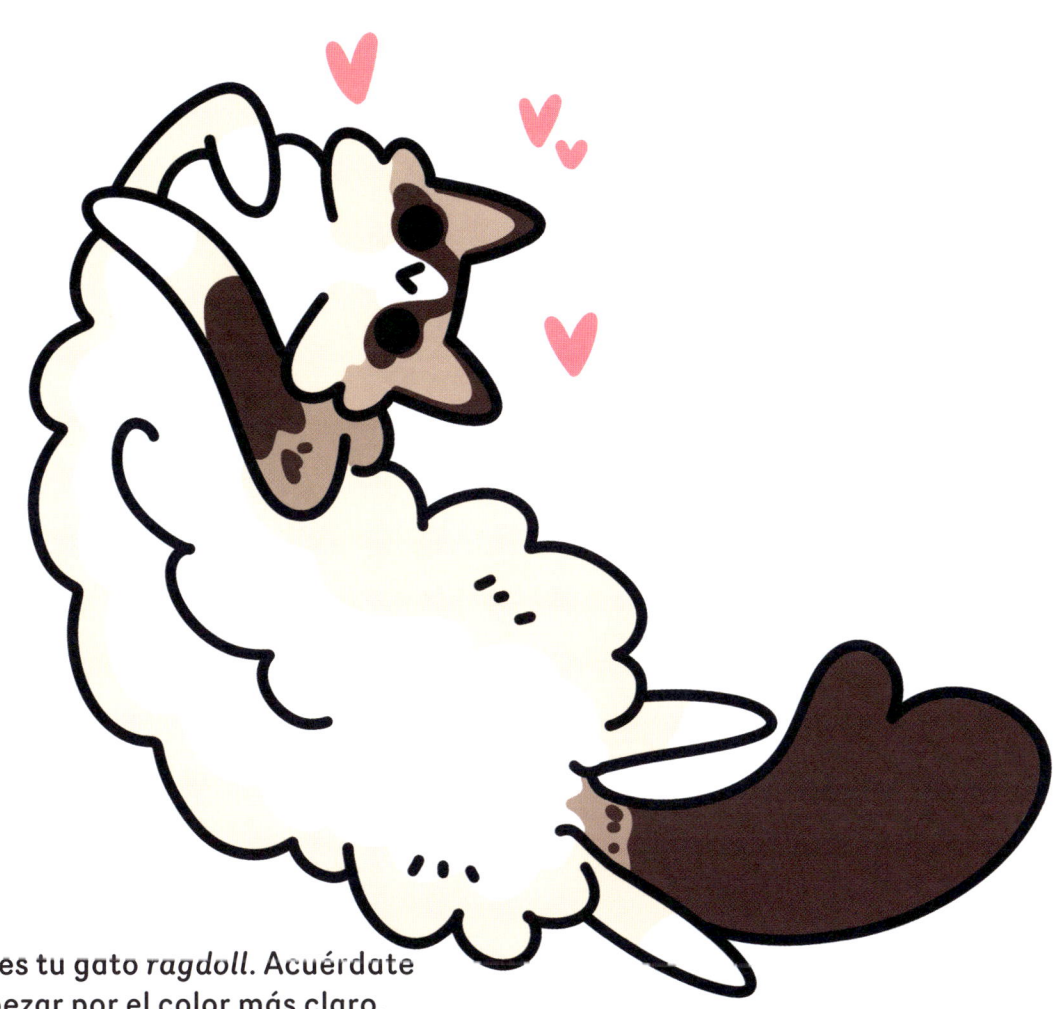

8 Ya tienes tu gato *ragdoll*. Acuérdate de empezar por el color más claro.

Gatito rascándose la barriga

1 Dibuja un óvalo con el punto donde se cruzan las líneas en la parte superior. Este gato está boca abajo.

2 Añade una figura en forma de pera para el cuerpo.

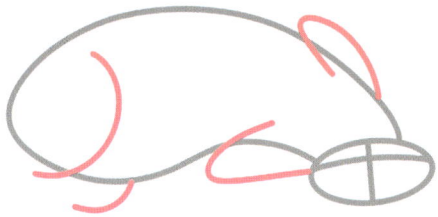

3 Empieza a dibujar las patas desde los codos delanteros y la parte superior de las patas traseras.

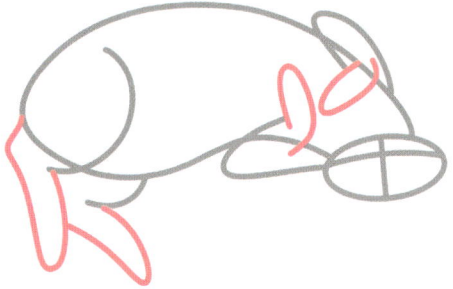

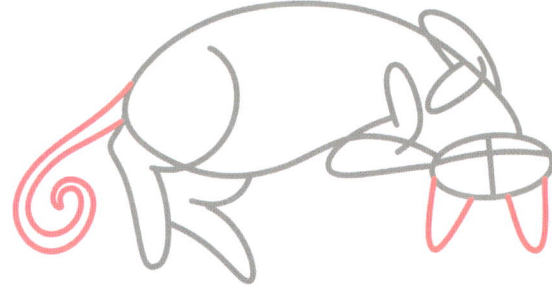

4 Ahora, dibuja la parte inferior de las patas.

5 Añade unas orejas largas y una cola muy enroscada. Es un gato esfinge.

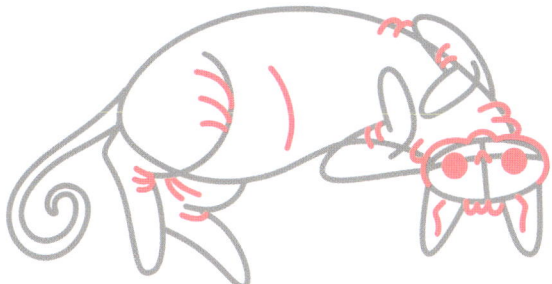

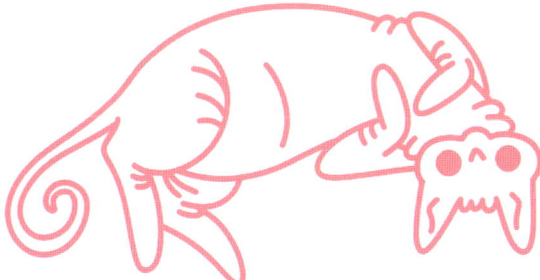

6 Dibuja la cara y añade unas suaves curvas para los pliegues de la piel como he hecho yo. Procura no dibujar demasiadas.

7 Es hora de perfilar el contorno. Borra todo lo que no quieras que se vea.

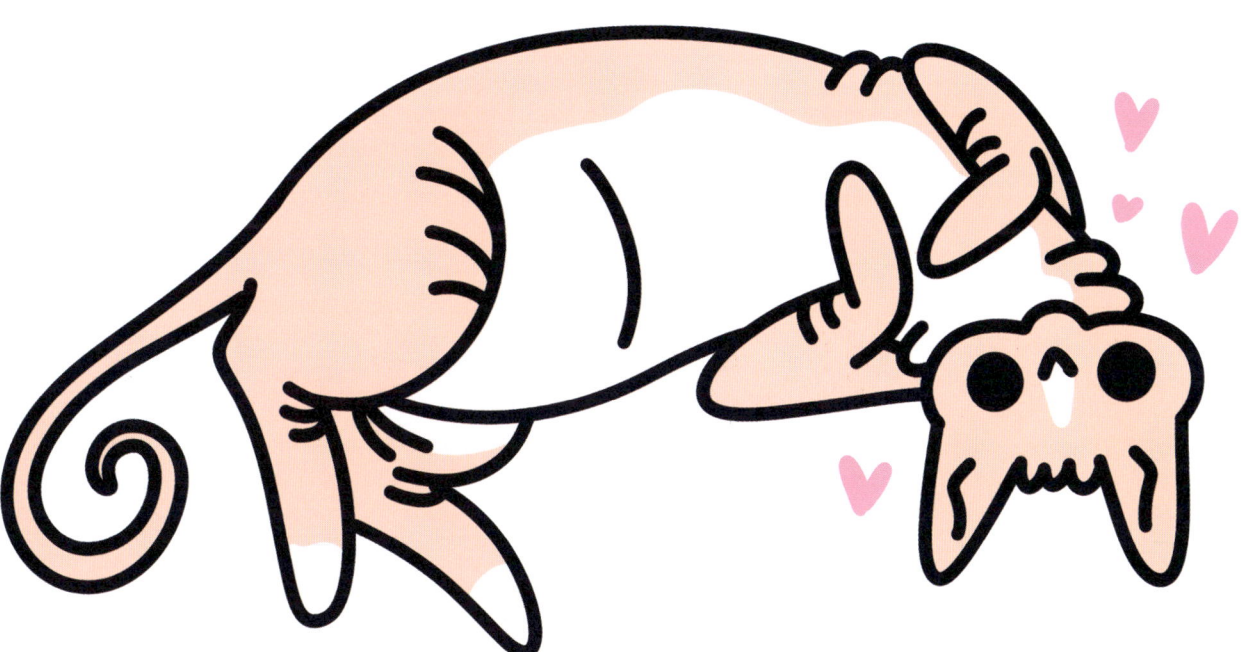

8 Para colorearlo, utiliza un rosa claro para el cuerpo y deja la barriga y la nariz blancas.

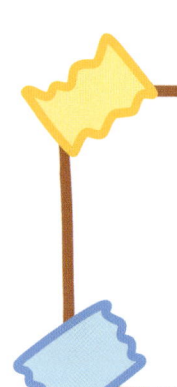
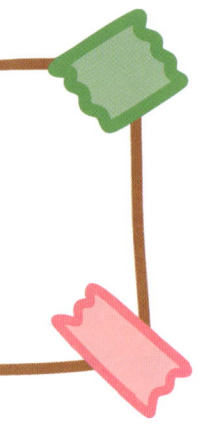

Gatito rebelde

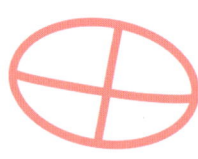
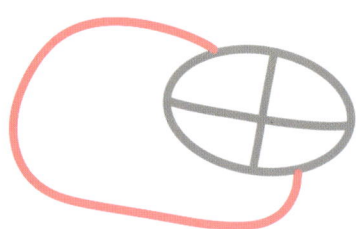

1 Para empezar, dibuja un óvalo algo inclinado para la cara.

2 Añade una figura en forma de patata pequeña arqueada por arriba. Vamos a dibujar un gatito.

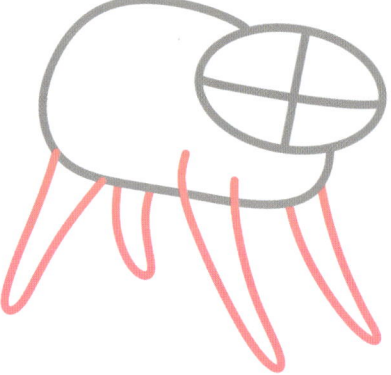

3 Dibuja las patas largas y delgadas.

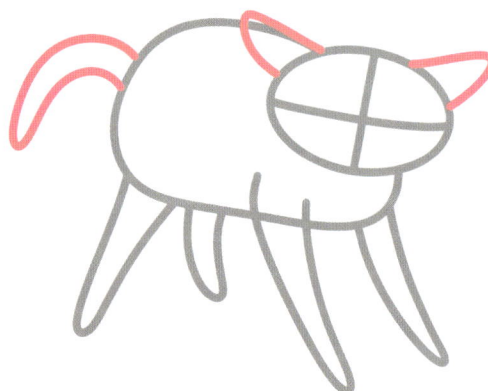
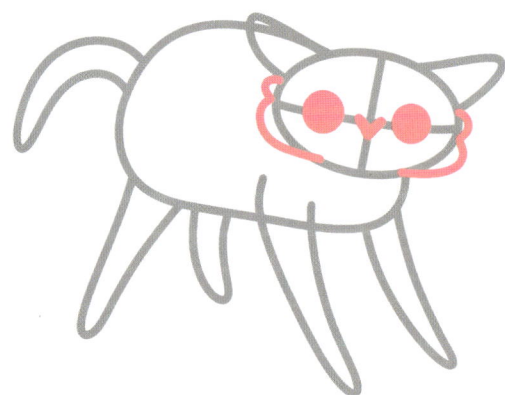

4 Dibuja las orejas aplanadas y la cola arqueada. Este gatito es muy rebelde.

5 Define las mejillas y dibuja la cara.

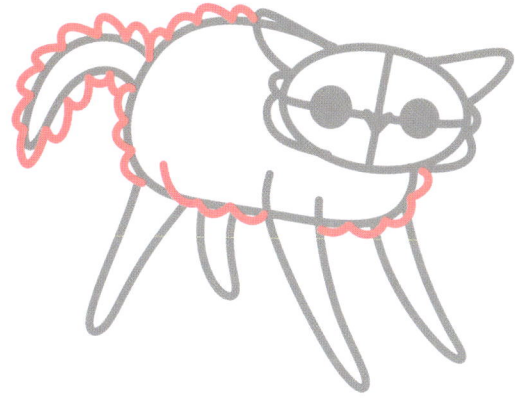

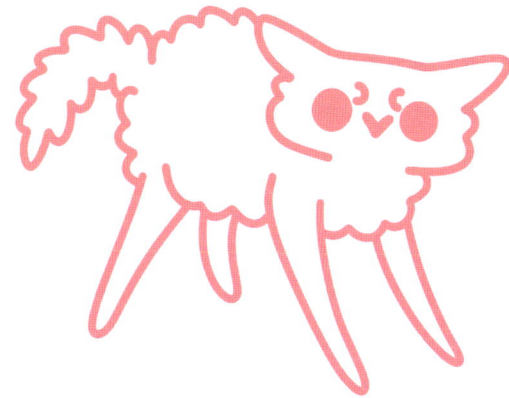

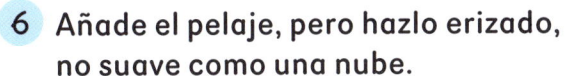

6 Añade el pelaje, pero hazlo erizado, no suave como una nube.

7 Perfila el contorno del dibujo y añade las cejas con una expresión de enfado para acentuar la actitud rebelde del gatito.

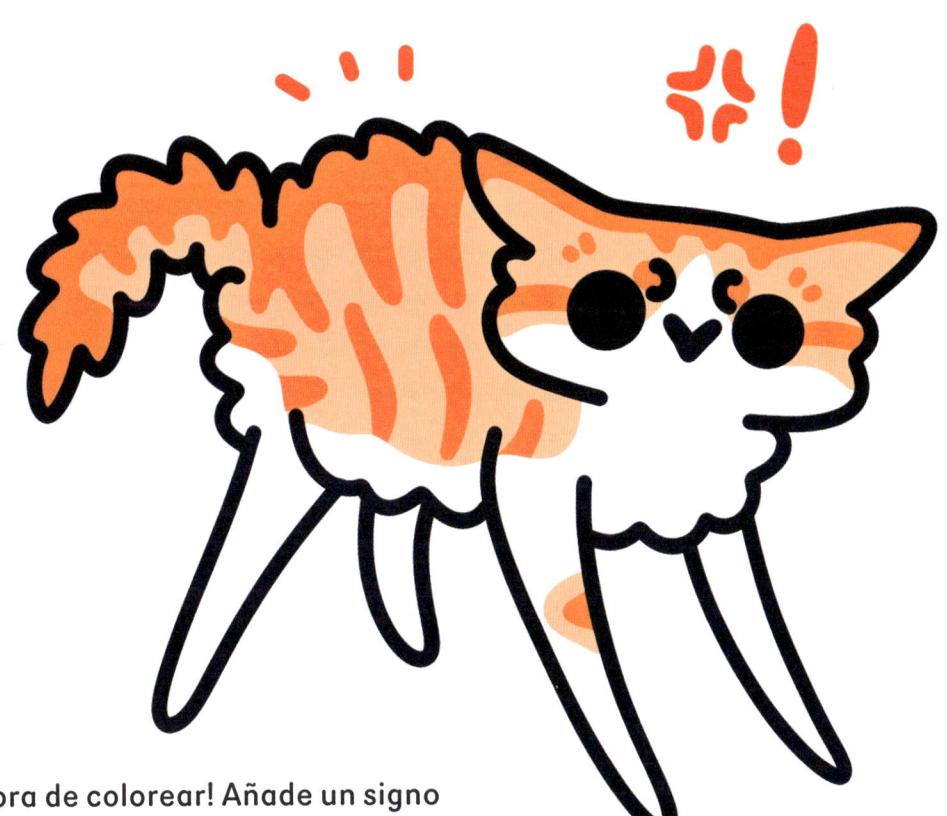

8 ¡Hora de colorear! Añade un signo de exclamación sobre la cabeza para conseguir un aspecto aún más insolente.

Gatito juguetón

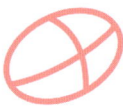

1 Dibuja un óvalo inclinado con el punto donde se cruzan las líneas más a la derecha.

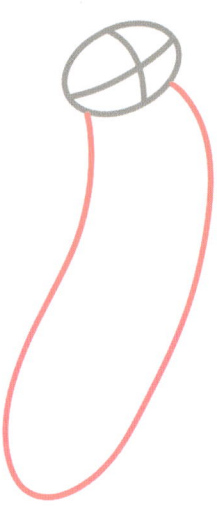

2 Añade una figura en forma de alubia muy alargada.

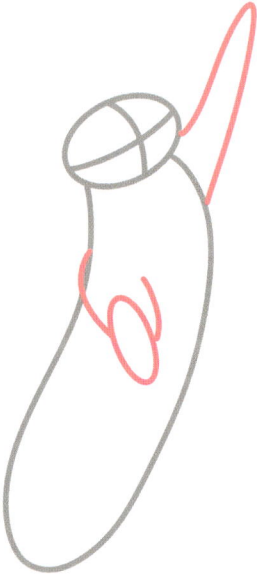
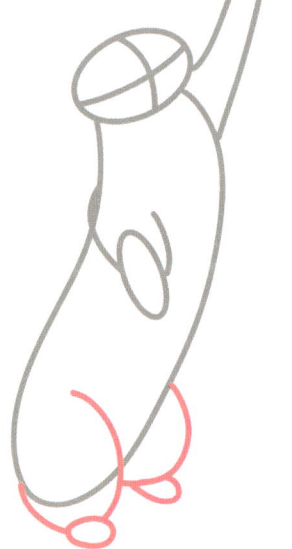

3 Este gato está jugando. Dibuja la pata derecha doblada y la izquierda, estirada.

4 Las patas traseras son fáciles. Dibuja dos curvas redondeadas en forma de guijarro. Añade un círculo en la pata estirada para el juguete.

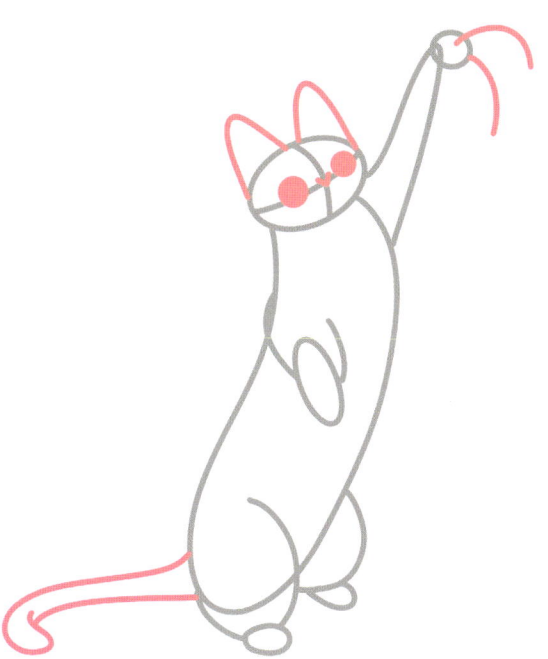

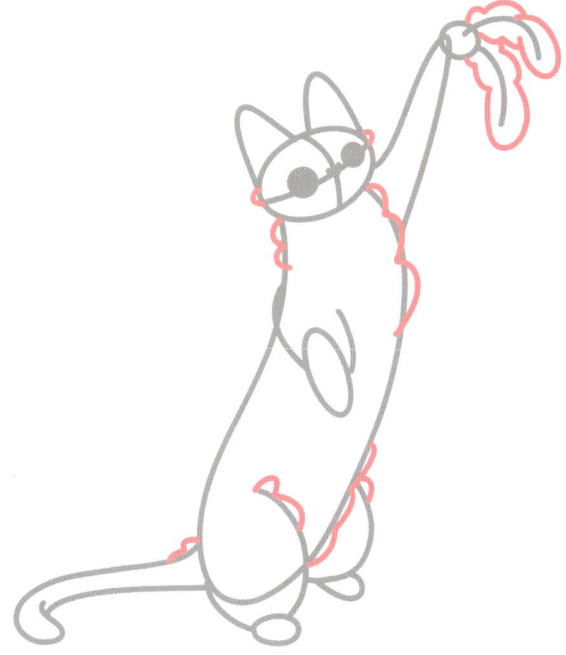

5 Dibuja la cara en las guías, una cola larga y dos curvas que salgan del juguete.

6 Añade un poco de pelaje y define las plumas del juguete con formas similares a unas nubes.

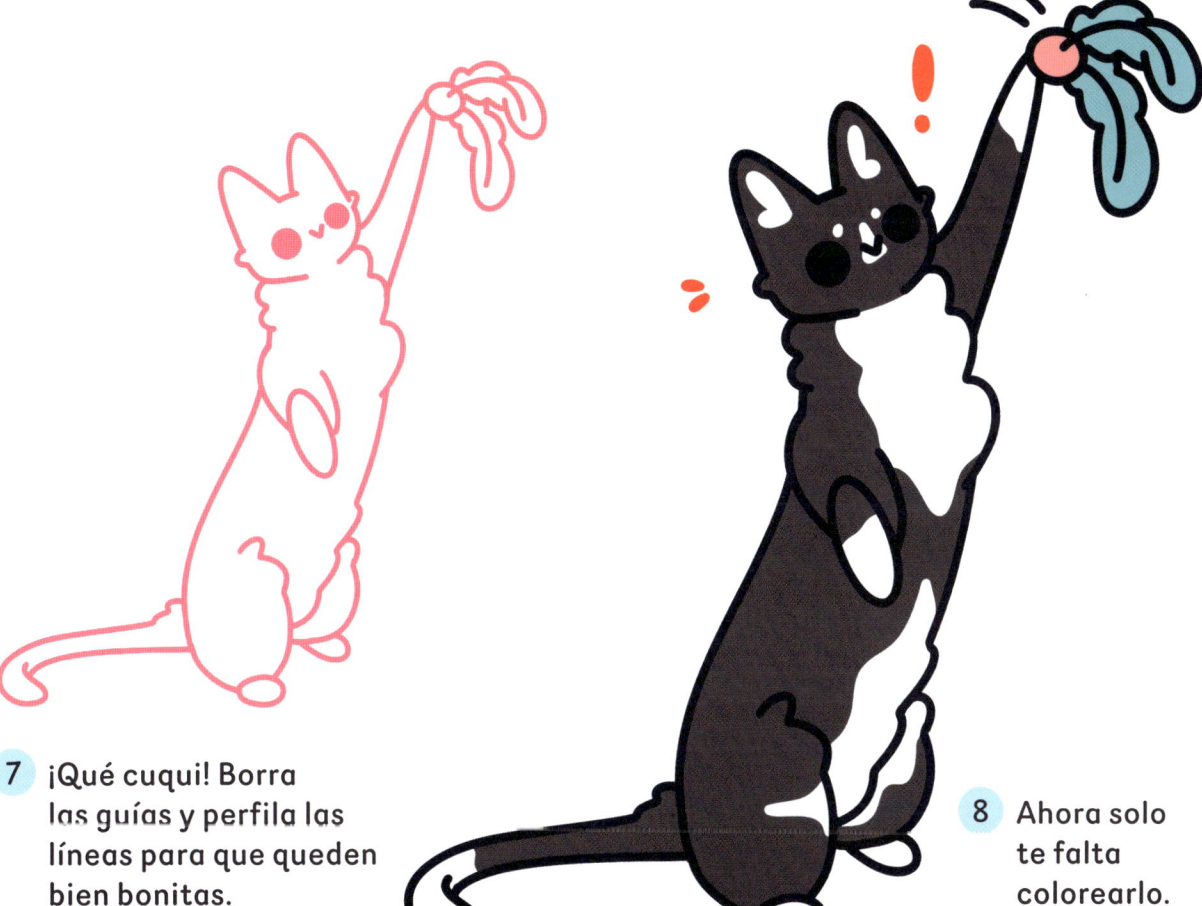

7 ¡Qué cuqui! Borra las guías y perfila las líneas para que queden bien bonitas.

8 Ahora solo te falta colorearlo.

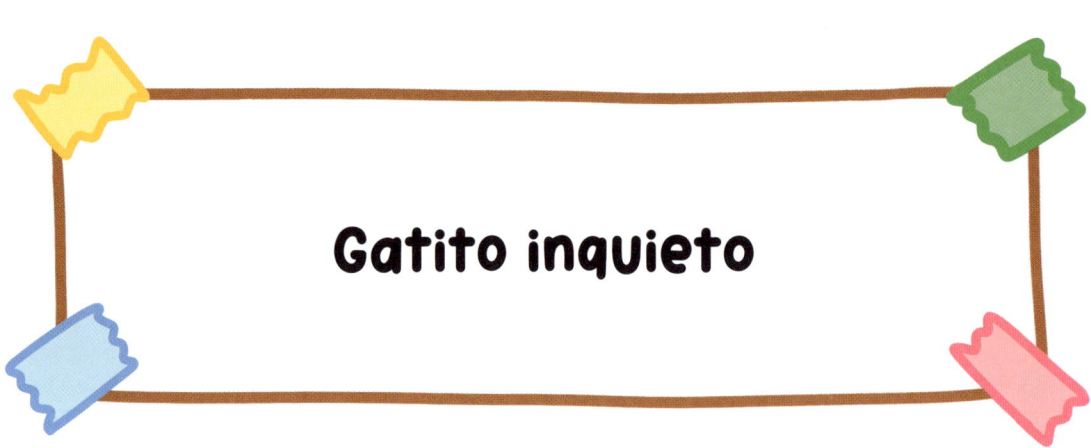

Gatito inquieto

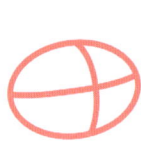

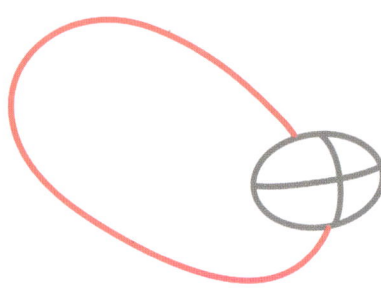

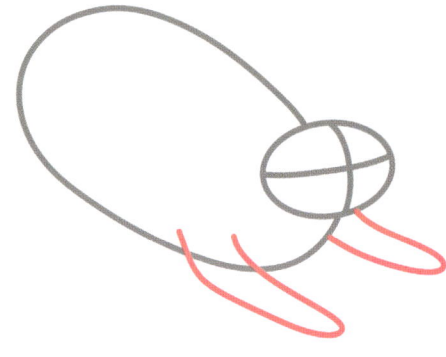

1 Este gato estará mirando a la derecha, así que dibuja el óvalo y la cruz según corresponda.

2 Añade un óvalo alargado inclinado hacia arriba para el cuerpo.

3 Dibuja las patas delanteras apoyadas en el suelo.

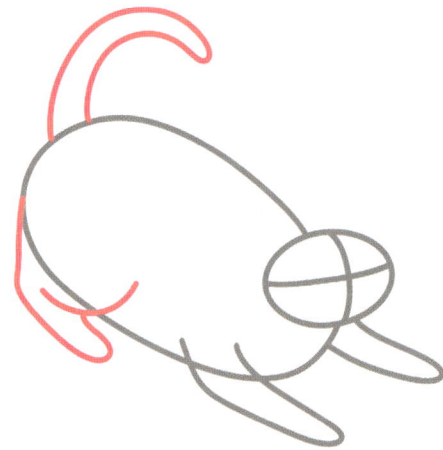

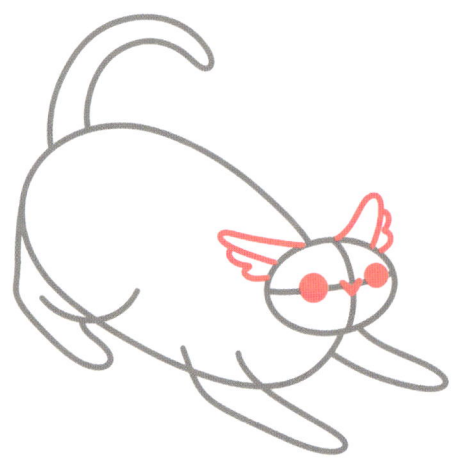

4 Ahora, dibuja una pata trasera doblada y la cola curvada hacia arriba.

5 En este dibujo son imprescindibles las orejas aplanadas. Después, dibuja la cara.

Aprende a dibujar tiernos gatitos

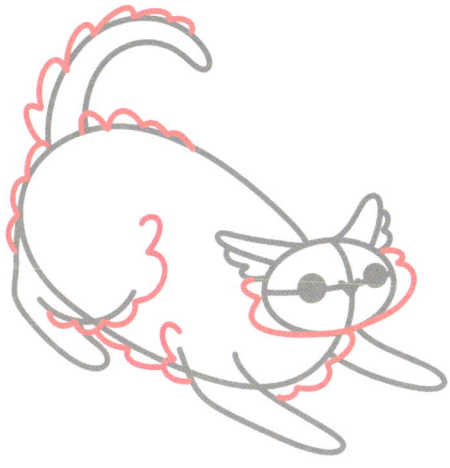

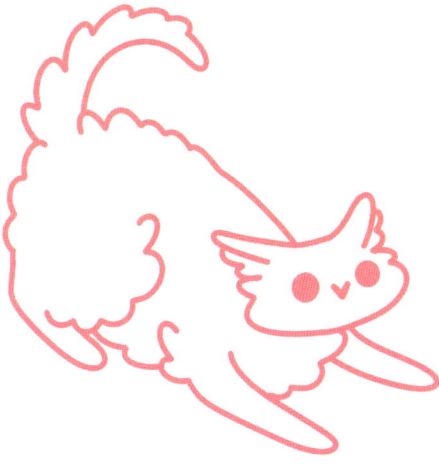

6 Este gato tiene bastante pelaje, así que añade todas las formas de nube que quieras y unos mofletes.

7 Ahora, borra las guías y perfila el contorno.

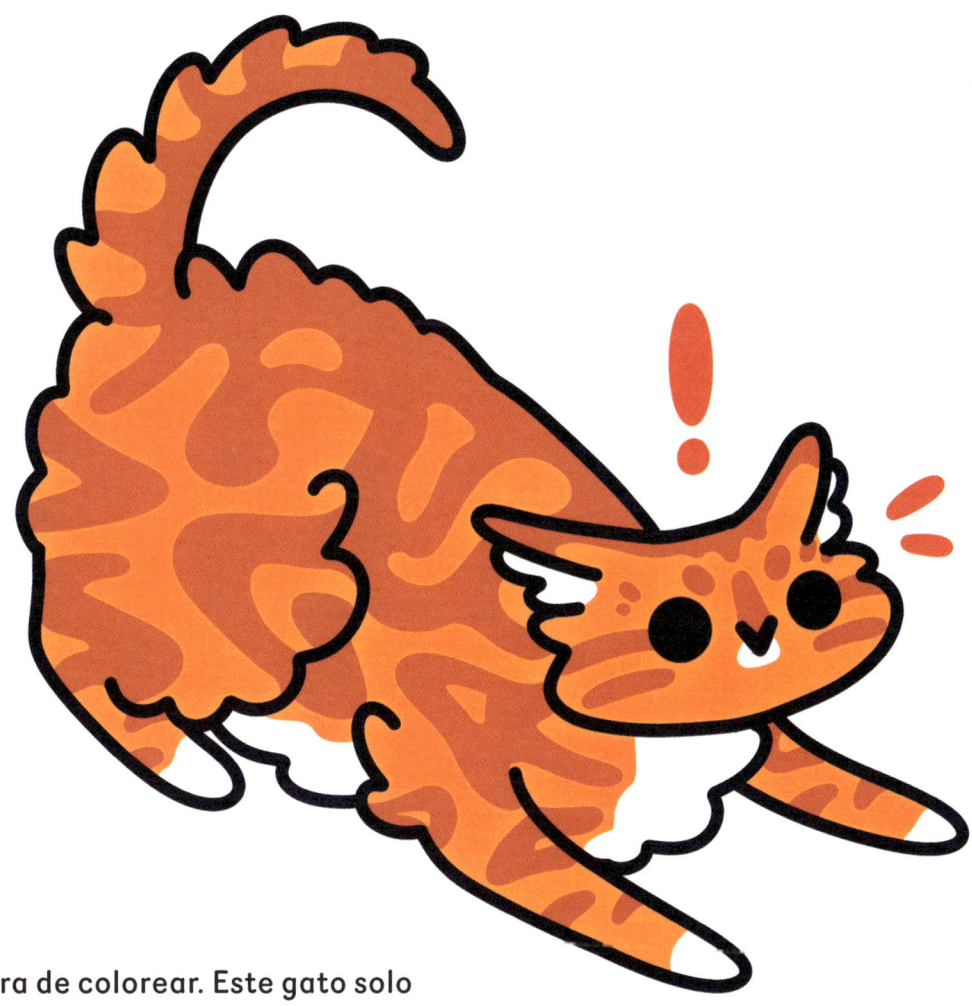

8 Hora de colorear. Este gato solo puede ser de color naranja.

Gatitos haciéndose mimitos

1 Dibuja dos óvalos inclinados que se toquen un poco.

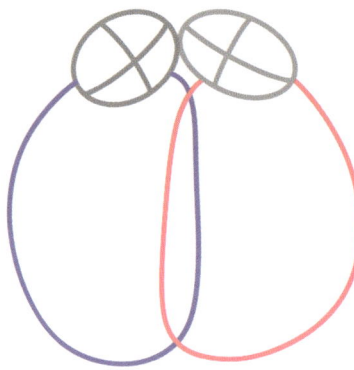

2 Añade dos formas redondeadas superpuestas para los cuerpos.

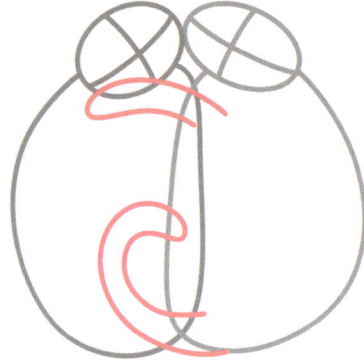

3 Empieza con la pata y la cola del gato de la derecha.

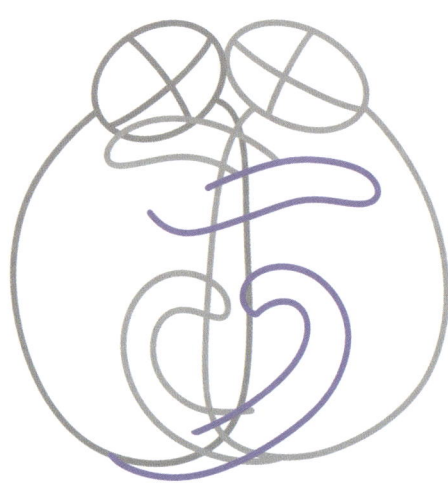

4 Cuando dibujes el gato de la izquierda, procura que ambas colas formen un corazón.

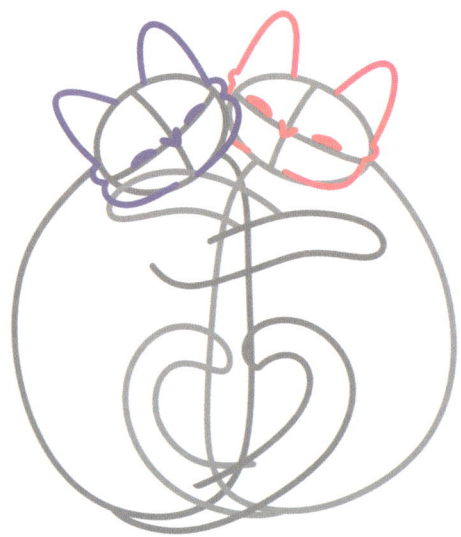

5 Dibuja las orejas y las mejillas, así como dos caras de felicidad.

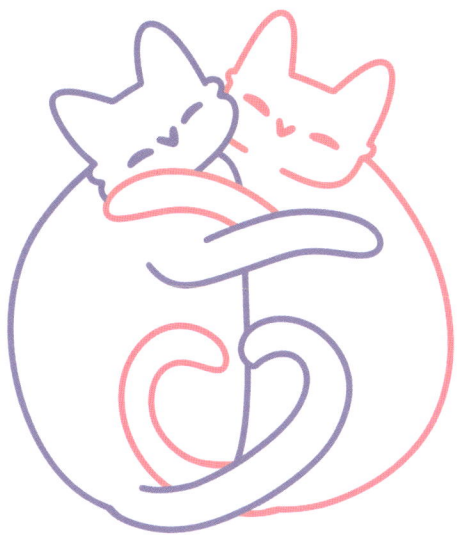

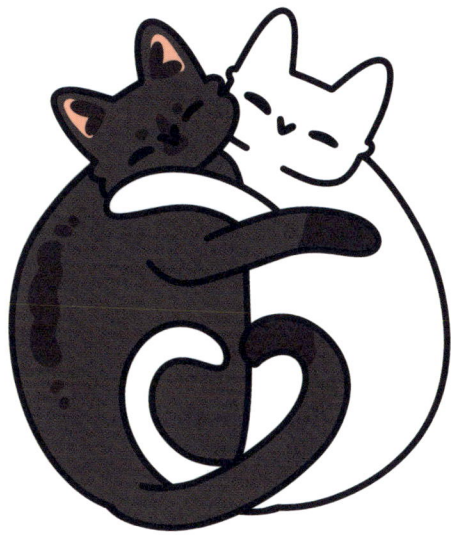

6 Es hora de perfilar el contorno. Tómate tu tiempo para pulir el dibujo, prestando atención a las partes que se solapan.

7 Colorea los gatos por separado. En este dibujo es mejor que el color del pelaje contraste. Así que he empezado pintando un gato negro (en realidad, gris muy oscuro).

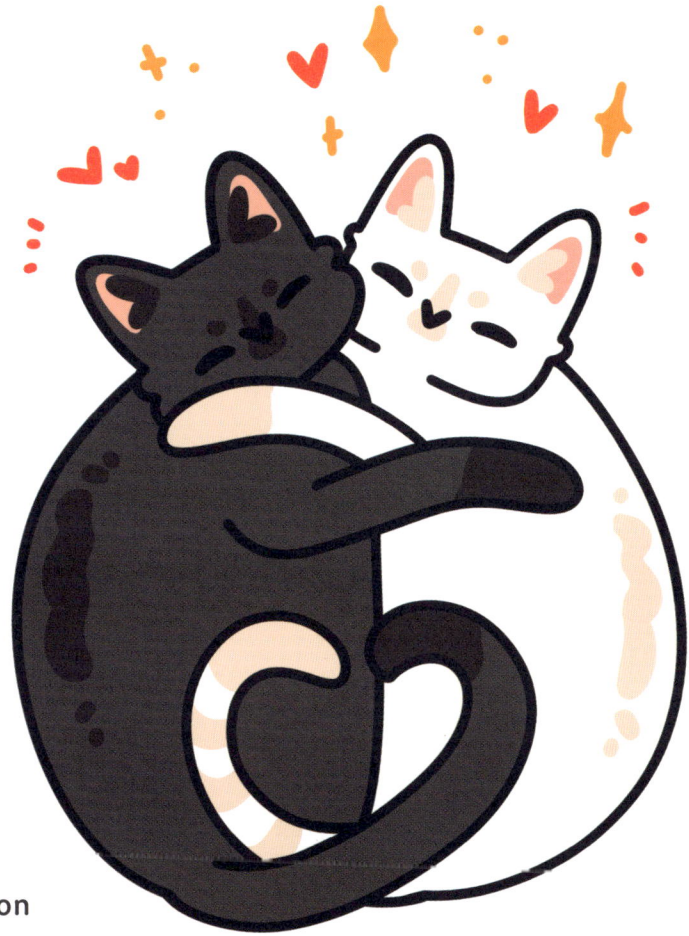

8 Colorea el segundo gato. He optado por pintarlo de blanco con detalles en tostado.

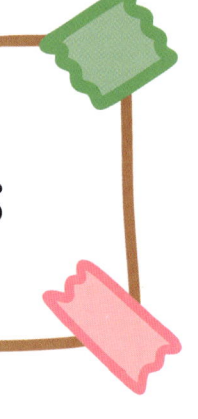

Pelea amistosa de gatitos

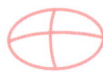

1 Dibuja dos óvalos inclinados, uno arriba y otro abajo.

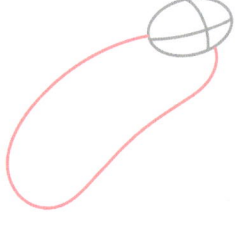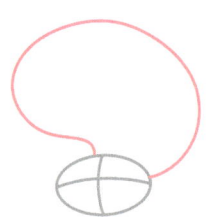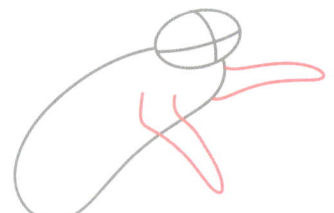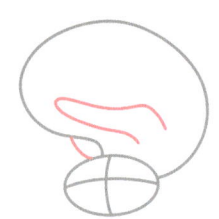

2 Une una figura en forma de alubia alargada descendente al óvalo de arriba y otra en forma de alubia aplastada ascendente al de abajo.

3 Dibuja las patas delanteras del gato de la izquierda y una del gato de la derecha. La otra pata del gato de la derecha no se ve en esta postura.

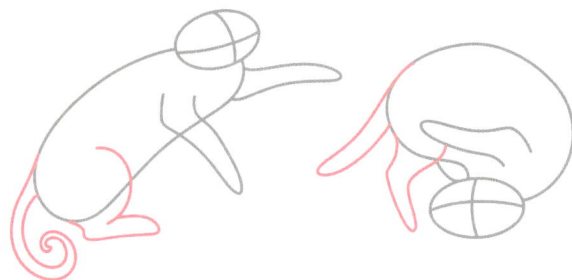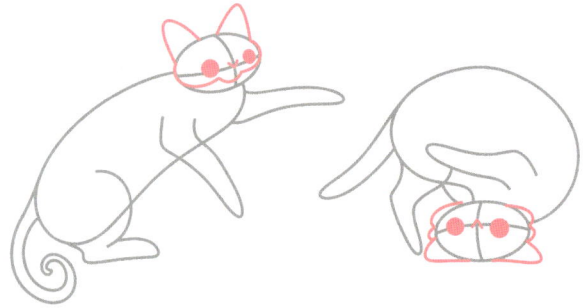

4 Ahora, dibuja las patas traseras y las colas. El gato sin pelo de la izquierda tiene la cola muy curvada.

5 Añade las orejas y las caras. Define la cara del gato sin pelo lo mejor que puedas. Coloca las orejas del gato de la derecha pegadas al suelo.

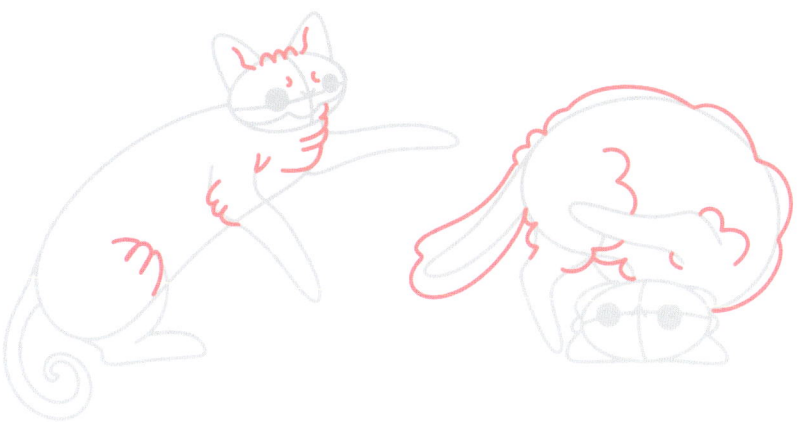

6 Añade los pliegues de la piel y los detalles del pelaje. Borra un poco el dibujo o reduce la opacidad para ver mejor todos los elementos.

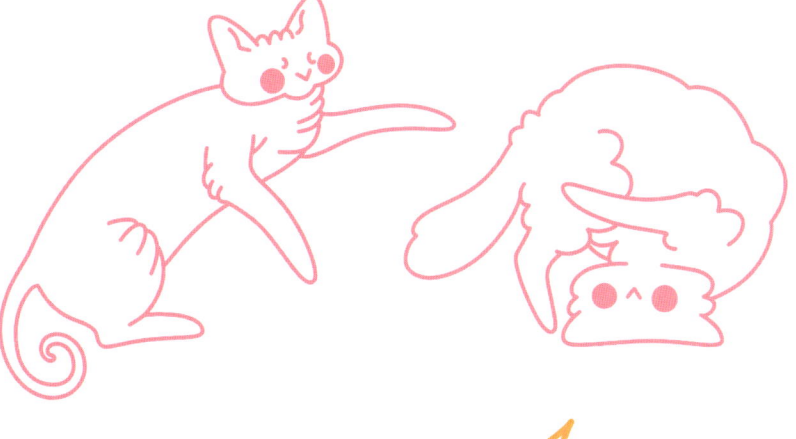

7 ¡Bien! Perfila el contorno de estos gatitos tan traviesos.

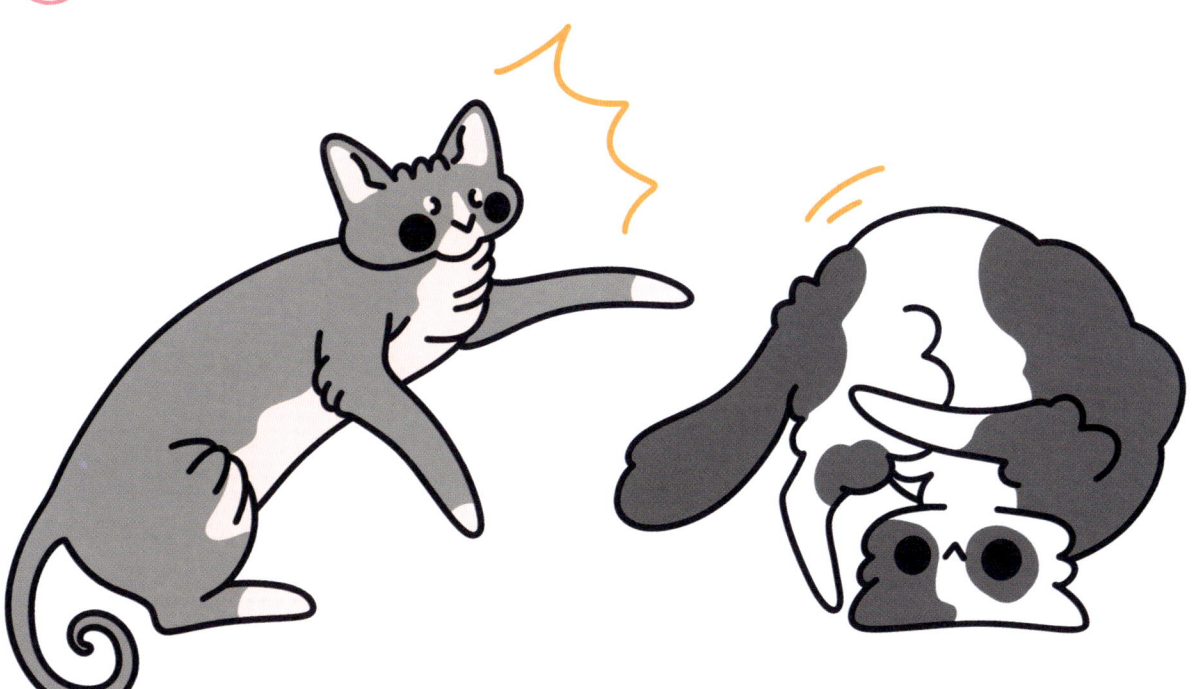

8 Colorear es muy divertido, y estos gatos han quedado geniales.

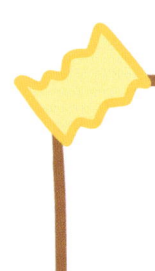

Gatito mirando al pajarito

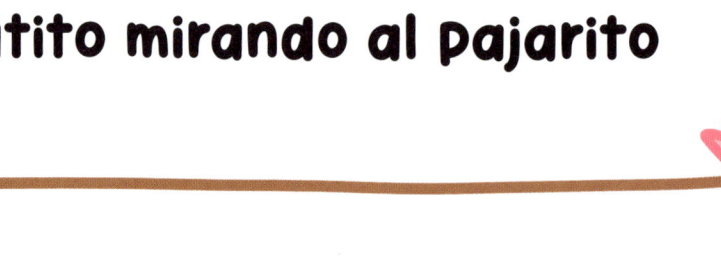

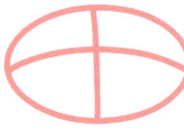

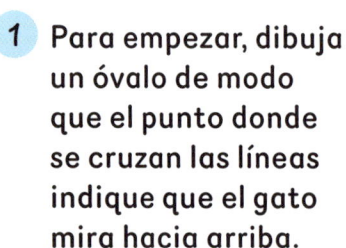

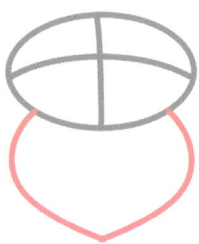

1 Para empezar, dibuja un óvalo de modo que el punto donde se cruzan las líneas indique que el gato mira hacia arriba.

2 Añade una figura en forma de fresa justo debajo del óvalo.

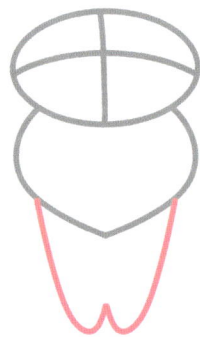

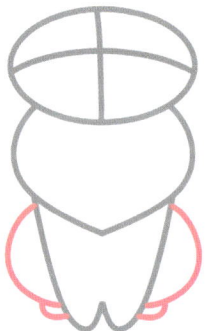

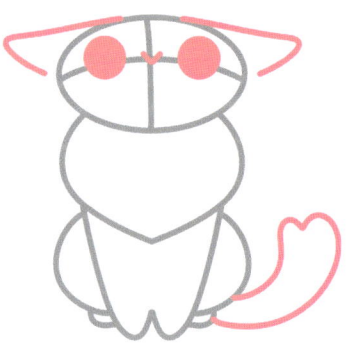

3 Dibuja una figura en forma de W para las patas delanteras.

4 Añade las patas traseras y, para el pajarito, una C hacia arriba sobre el óvalo de la cabeza.

5 Dibuja la cara, la cola y las orejas aplanadas del gato y, después, la parte inferior del cuerpo del pájaro.

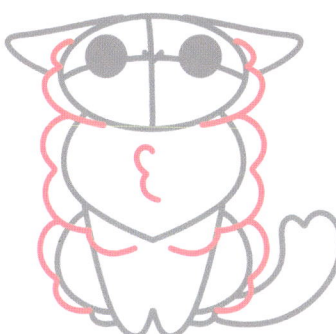

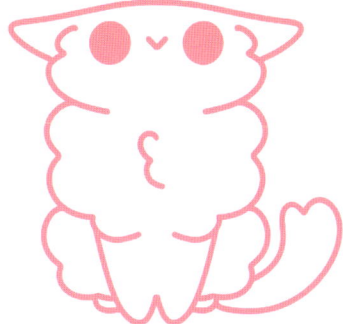

6 Añade el pelaje en las mejillas, el pecho, la parte superior de las patas y la cola. Dibuja las alas del pájaro.

7 Ahora, borra todo lo que no quieres que se vea.

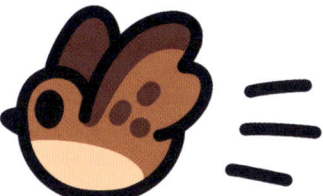

8 Y, ahora, coloréalo. ¿Te has dado cuenta de que este gatito es el mismo que aparece en la cubierta del libro?

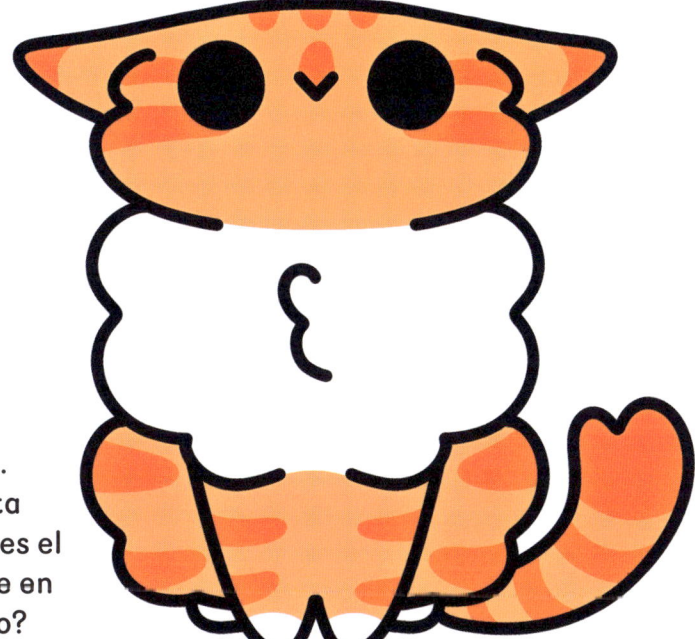

Gatito rascándose la barriga

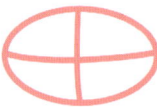

1 Dibuja un óvalo vertical de modo que las líneas centrales se crucen en el centro.

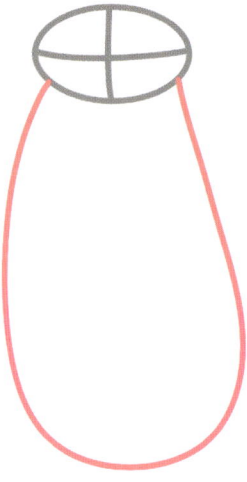

2 Añade una forma curvada para el cuerpo algo más gruesa por abajo.

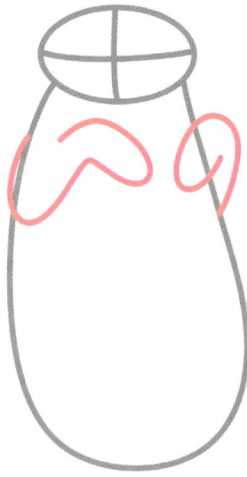

3 Las patas delanteras están flexionadas. Dibújalas así.

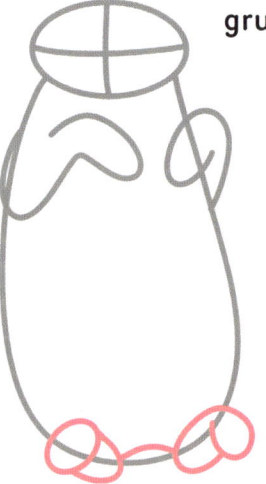

4 Las patas traseras también están flexionadas. Haz unos óvalos para las zarpas y añade los talones.

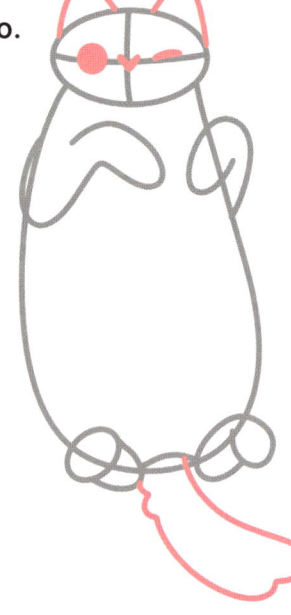

5 Dibuja la cola, la cara y las orejas.

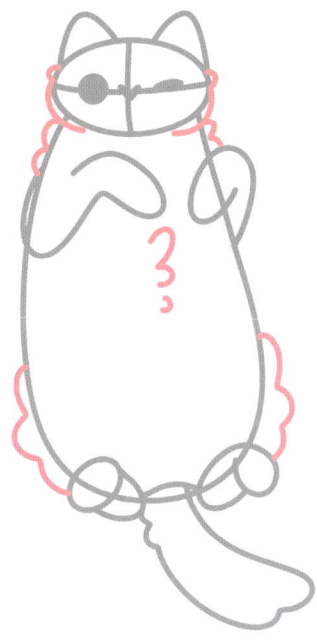

6 Añade un poco de pelaje en la parte superior de las patas y los omoplatos. Y no te olvides de los mofletes.

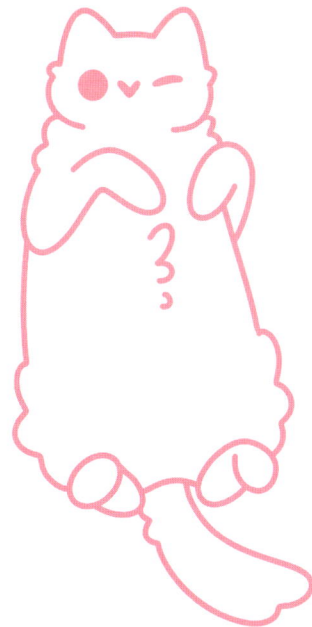

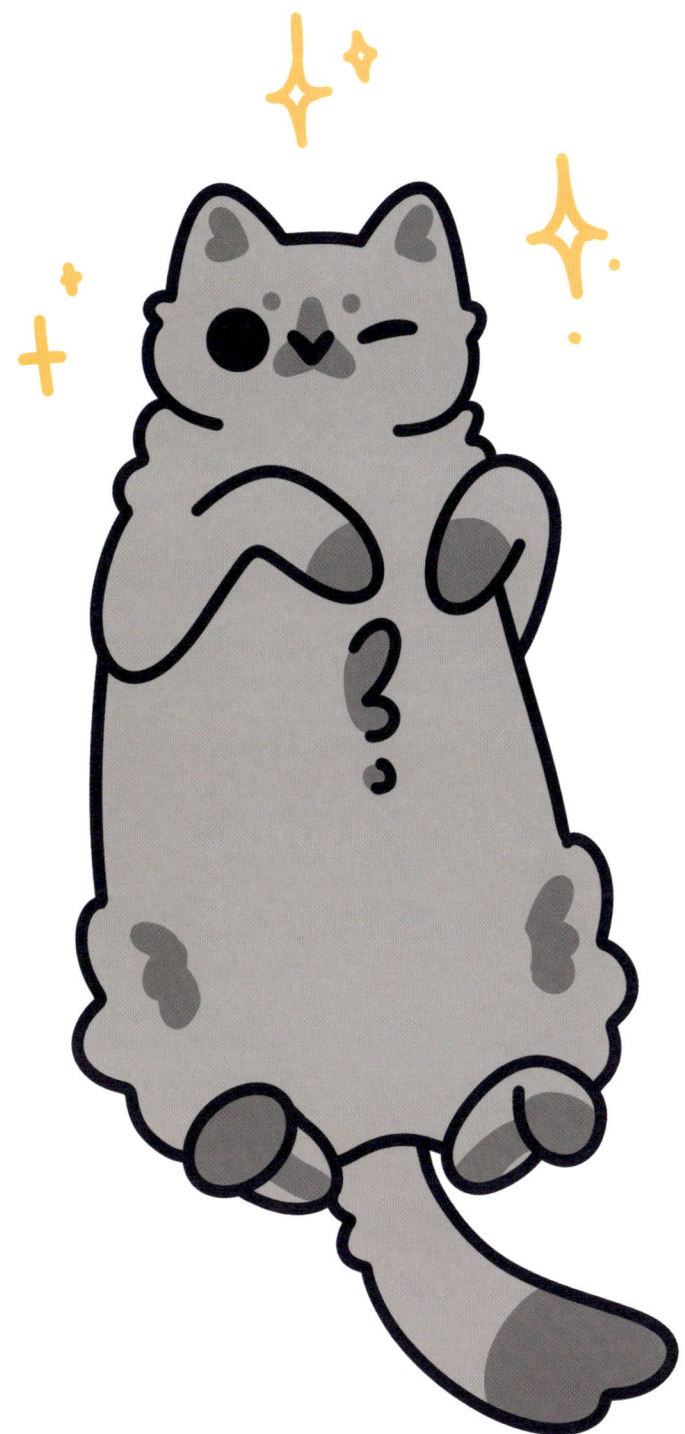

7 ¡Genial! Ahora, borra las guías.

8 Los grises cálidos son ideales para colorear este gato británico de pelo corto.

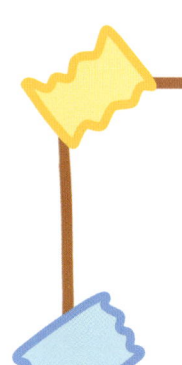 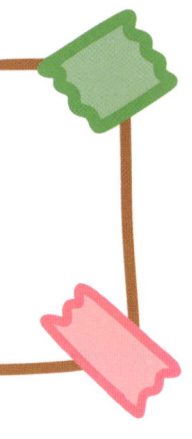

Gatito acurrucado

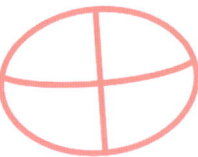

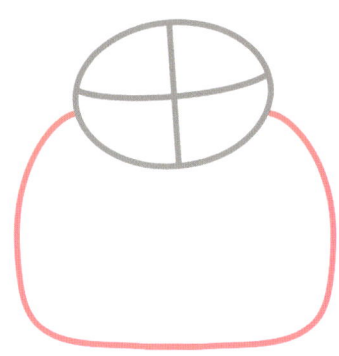 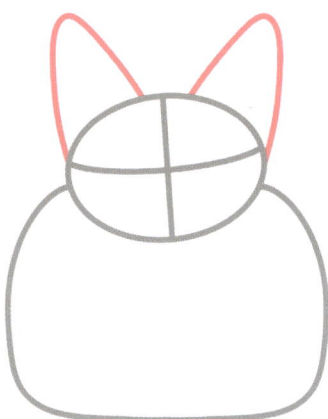

1 Para empezar, dibuja un óvalo con una cruz justo en el centro.

2 Añade un rectángulo con los bordes redondeados casi a partir de la mitad inferior del óvalo.

3 Ahora dibuja las orejas.

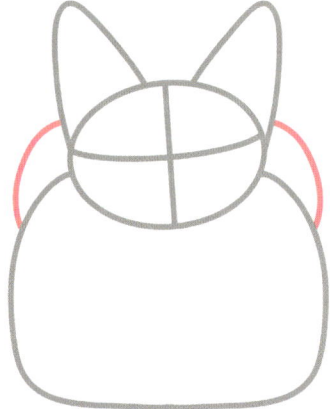 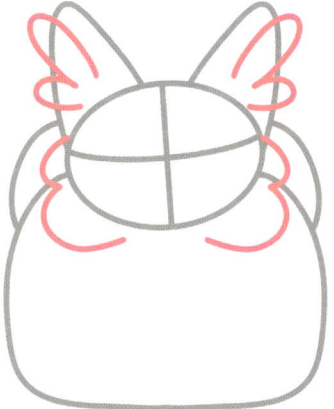

4 Traza una curva simétrica a cada lado de la cabeza.

5 ¡Muy bien! Ahora, dibuja una carita muy tierna y pelaje en las orejas.

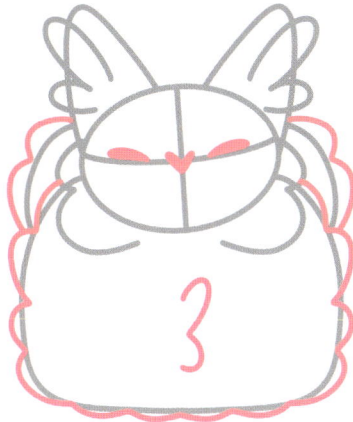

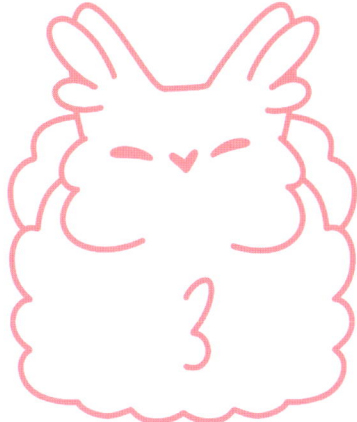

6 Dibuja el resto del pelaje, así como una cara de felicidad a partir de las guías transversales.

7 Borra todo lo que no quieras que se vea y perfila el contorno.

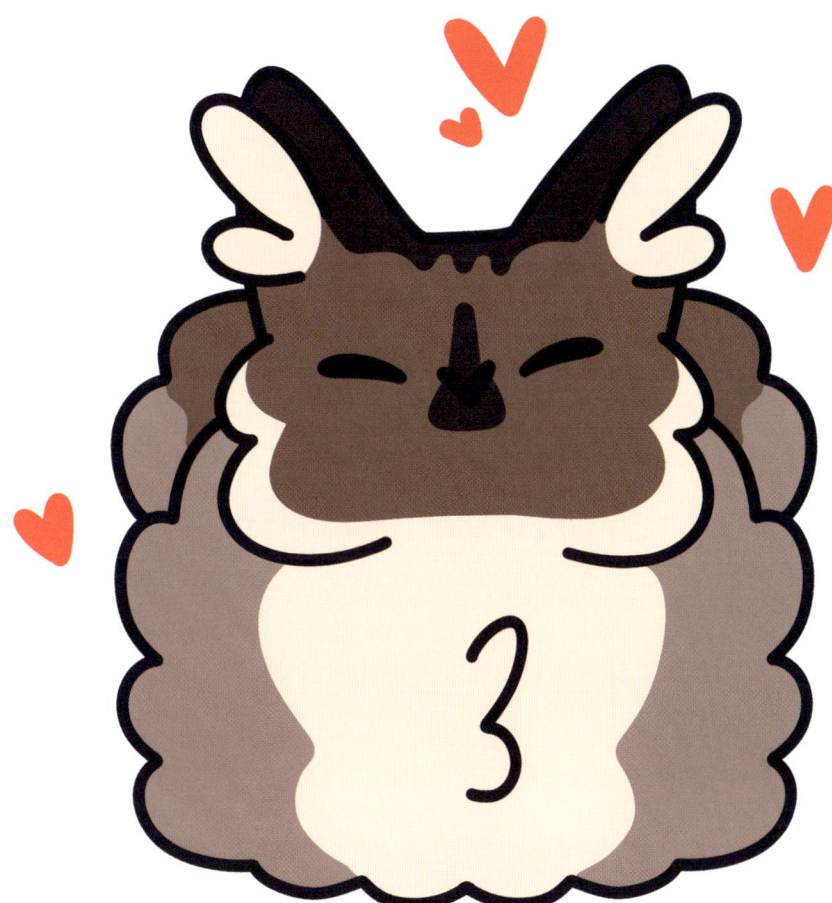

8 Colorea el gato. El mío es muy bonito y de color chocolate.

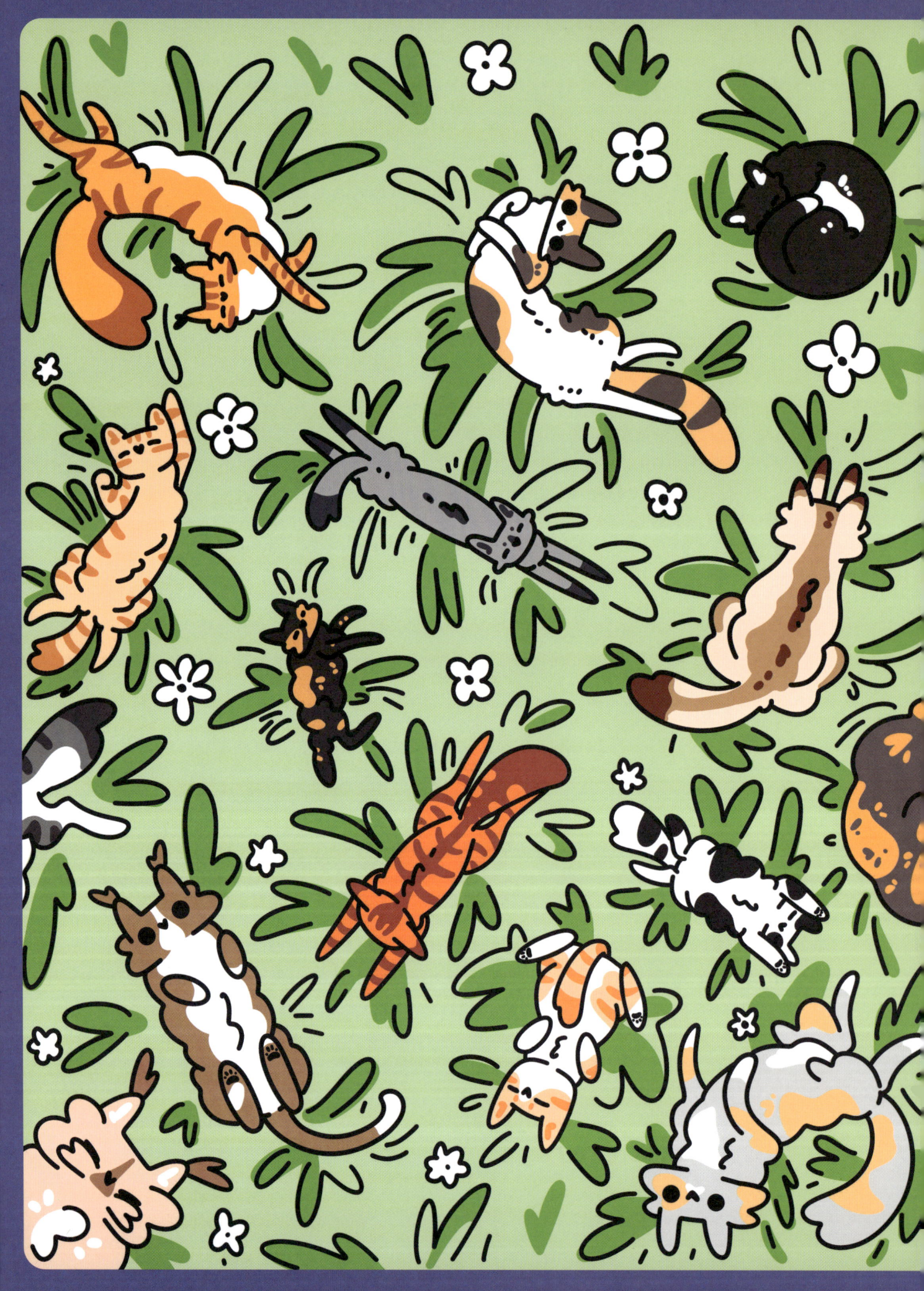

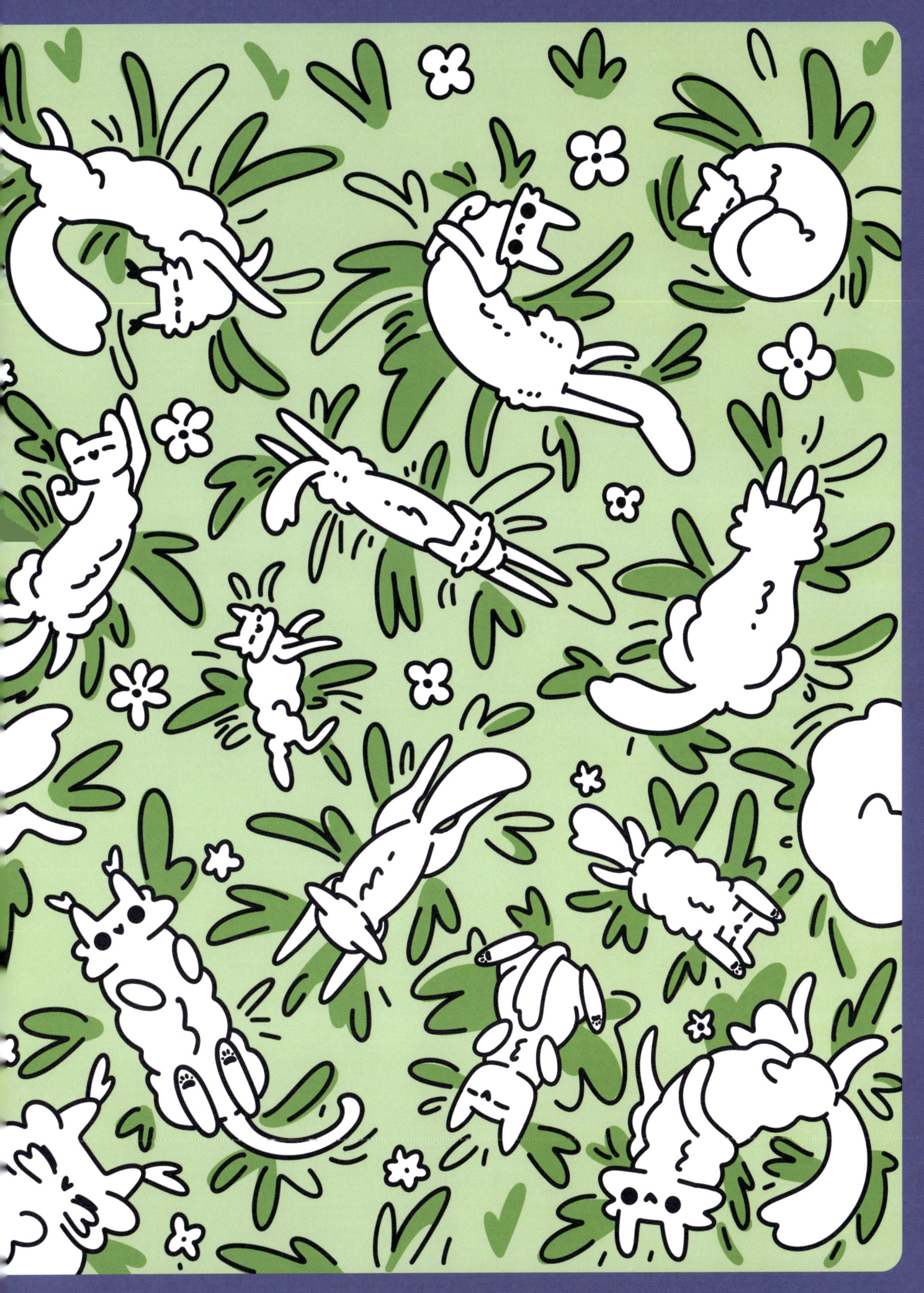

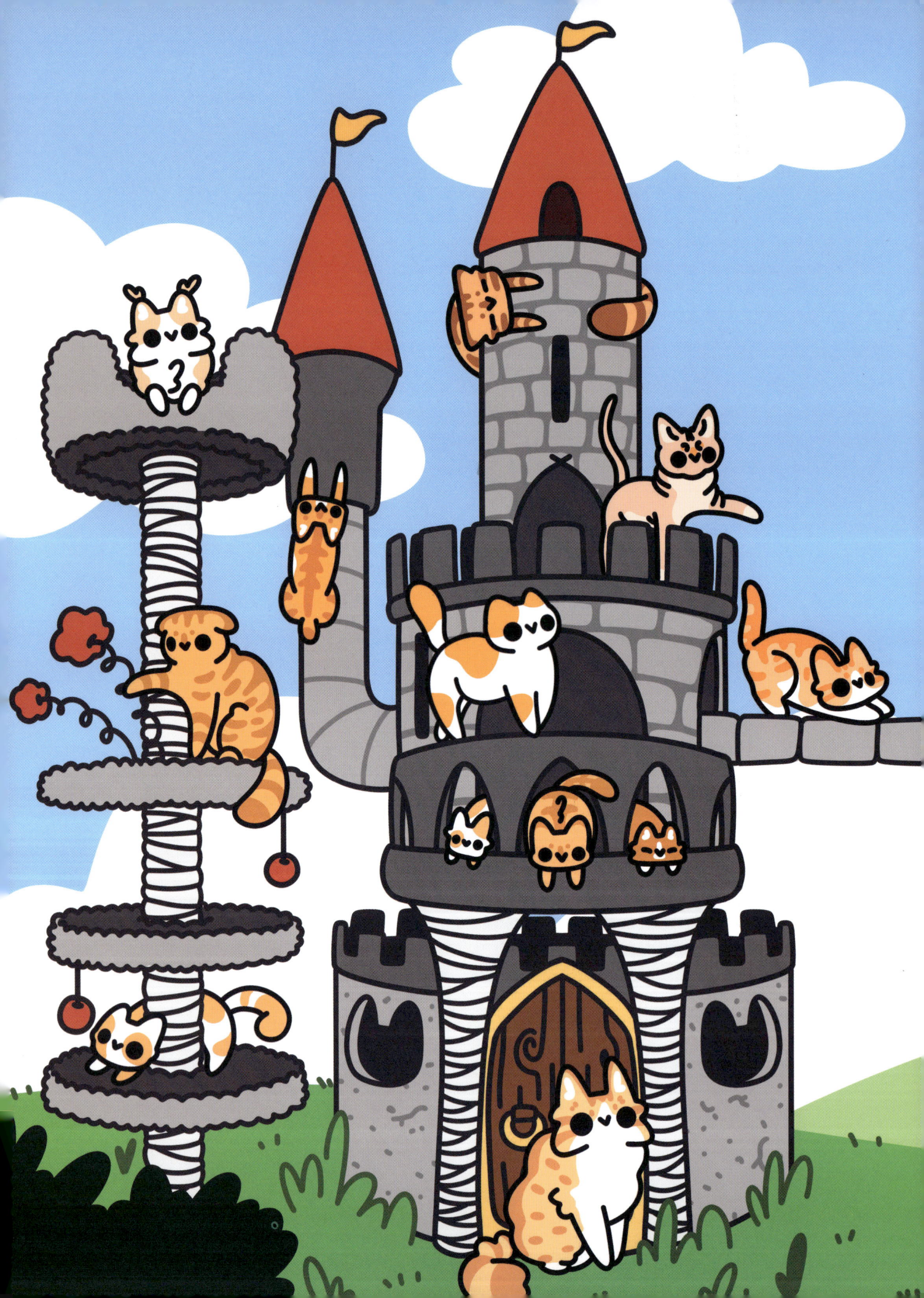

5

Los gatos

y sus dominios

Es hora de ponerse serios. Vamos a dibujar gatitos adorables y tiernos en sus posturas favoritas en sus lugares favoritos. Este capítulo es una recopilación de los sitios en los que les encanta estar a los gatos de mis seguidores, así como los lugares que mis cinco gatos adoran.

En un arenero

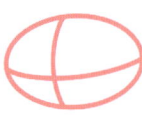

1. Para dibujar este gato, deja espacio suficiente a la derecha del óvalo facial.

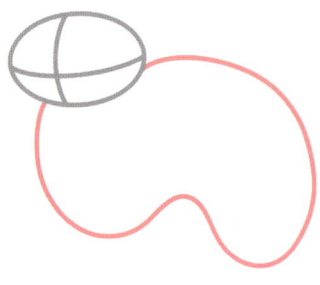

2. Añade una figura en forma de alubia muy sinuosa para el cuerpo.

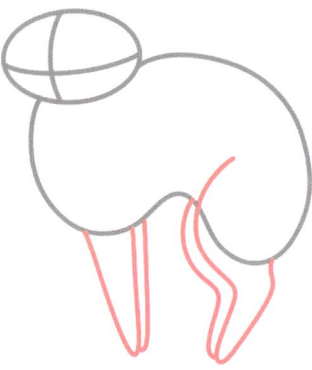

3. Al dibujar las patas delanteras y traseras, procura que queden algo inclinadas hacia dentro.

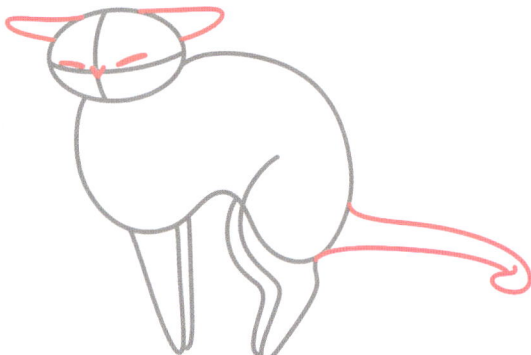

4. Añade una cola estirada, orejas aplanadas y los ojos entrecerrados.

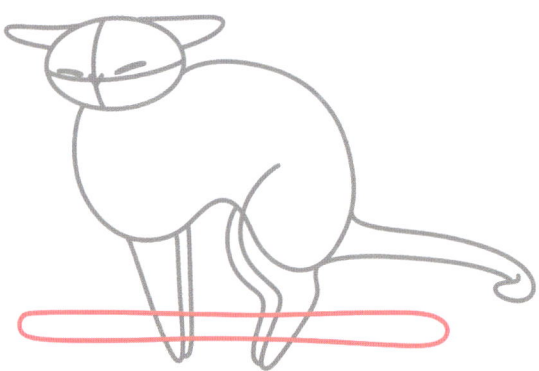

5. Empieza a dibujar el arenero. Tiene que solaparse con las patas del gato para que parezca que está dentro.

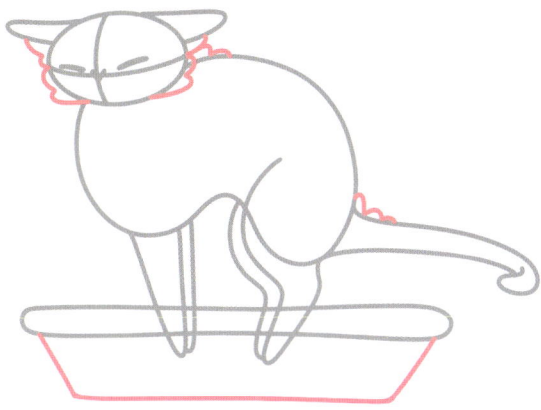

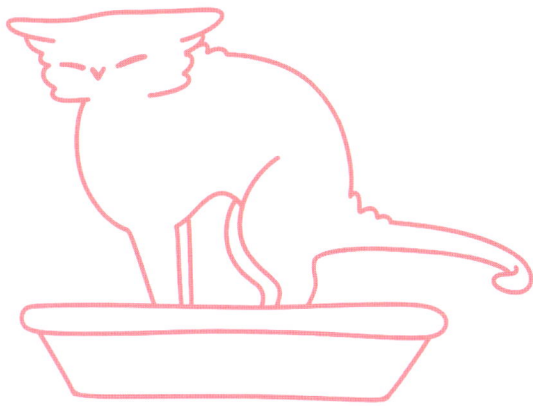

6 Dibuja la parte inferior del arenero como un trapecio unido a la parte superior. Borra las patas que quedan ocultas.

7 ¡Hora de hacer limpieza! Borra las superposiciones y las guías.

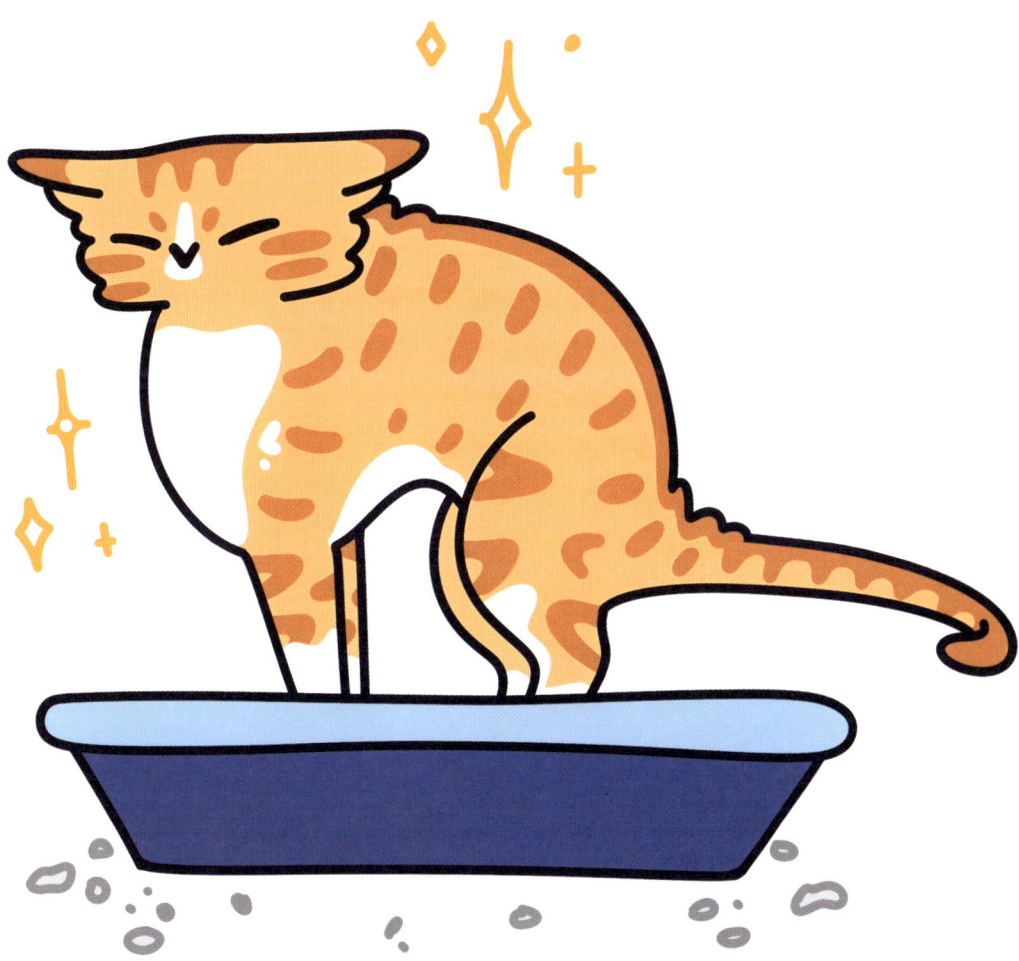

8 Coloréalo y esparce un poco de arena.

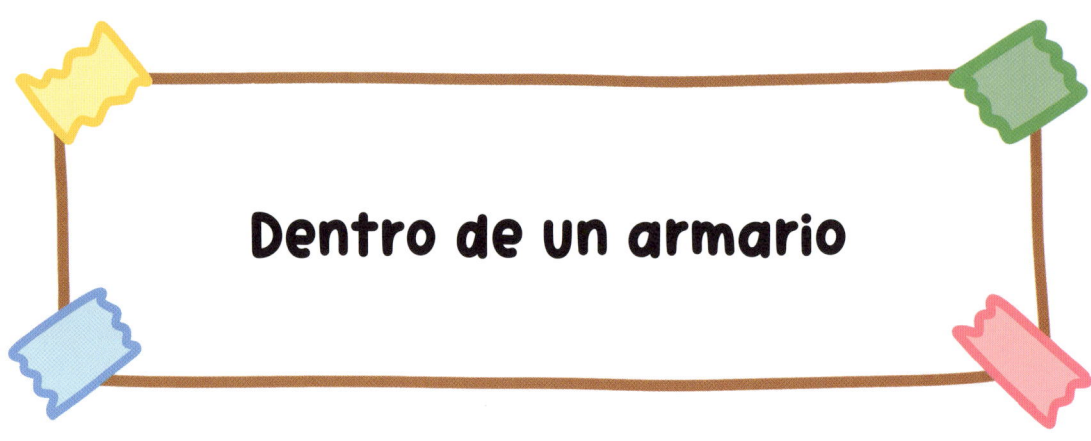

Dentro de un armario

1 Para empezar, dibuja un marco abierto por un lado.

2 Ahora, cierra el rectángulo interior y dibuja el lado de la puerta abierta que queda frente a nosotros.

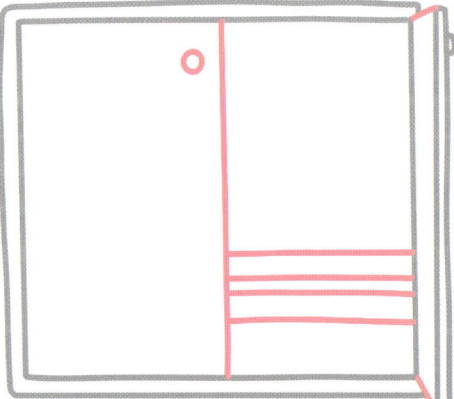

3 Une la puerta al marco interior con dos líneas y termina de dibujar el armario.

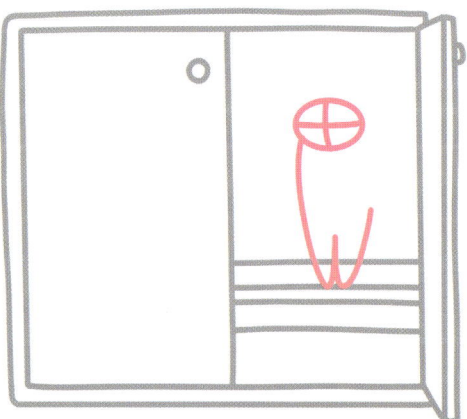

4 Empieza a dibujar el gato. Dibuja la cabeza y las patas delanteras.

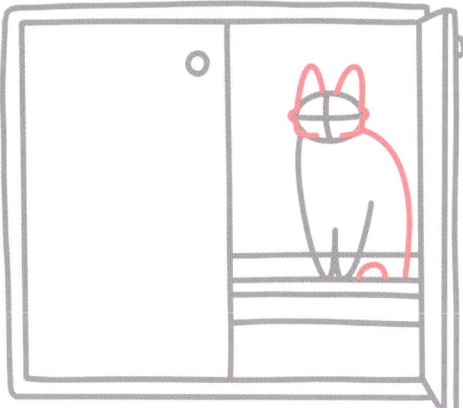

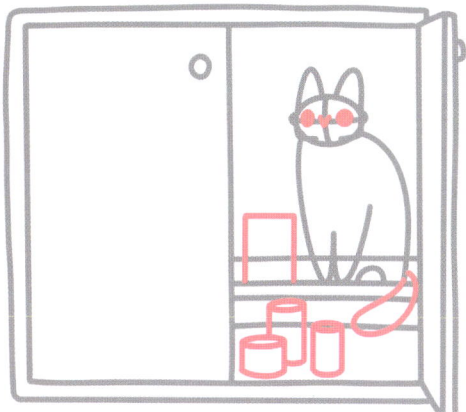

5 Continúa con las orejas, las mejillas, el lomo y la pata trasera.

6 Añade la cara y la cola y llena el armario de latas.

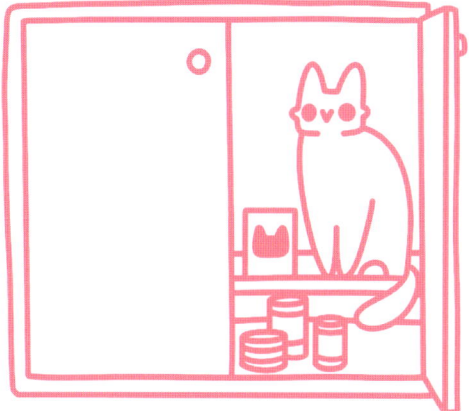

7 ¡A limpiar! Borra las superposiciones y las guías.

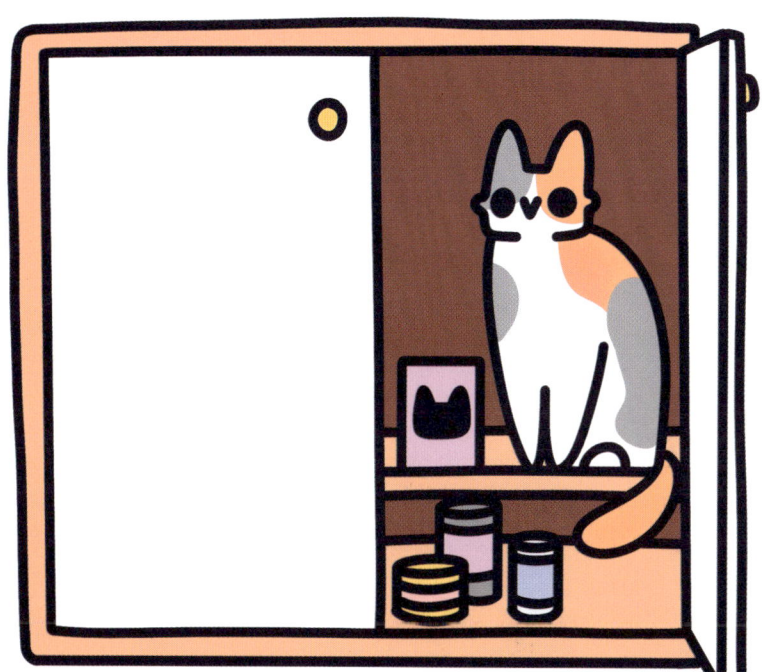

8 El dibujo ha costado algo más, pero es muy divertido colorearlo.

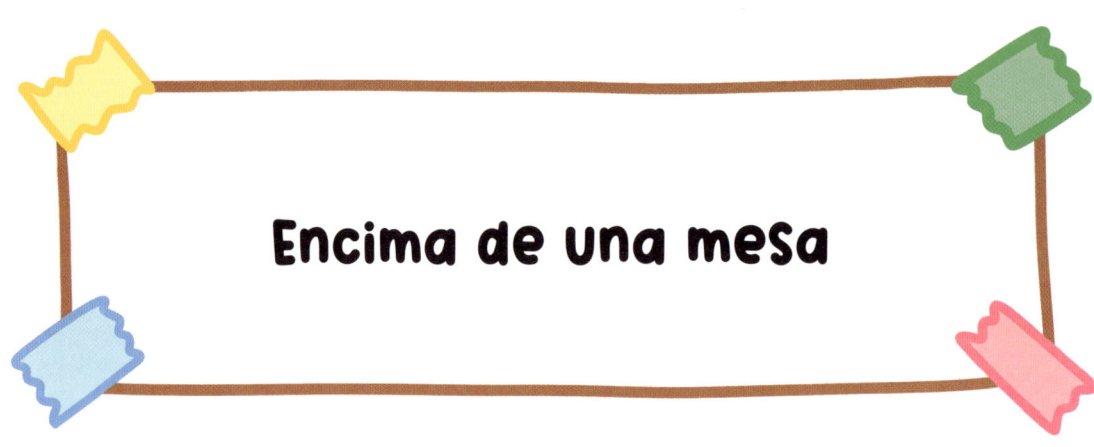

Encima de una mesa

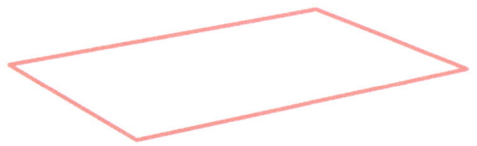

1 Dibuja un rectángulo oblicuo para la superficie de la mesa.

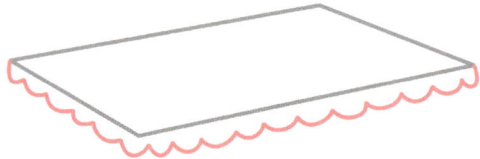

2 Añade algunos adornos para dar al mantel un aspecto hogareño.

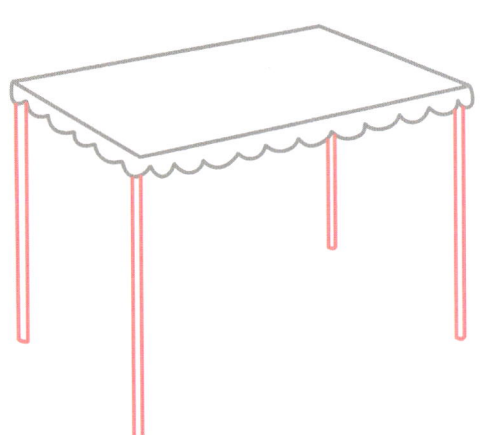

3 Ahora, dibuja las patas de la mesa.

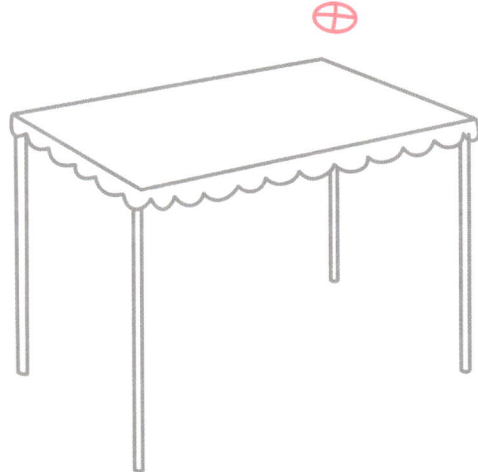

4 Dibuja un pequeño óvalo para la cara de tu gatito achuchable justo encima de la esquina superior derecha de la mesa.

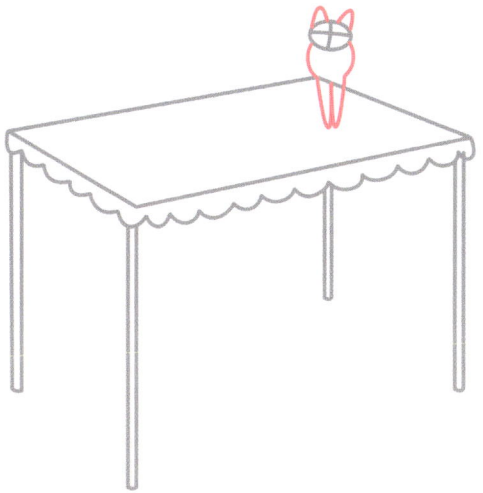

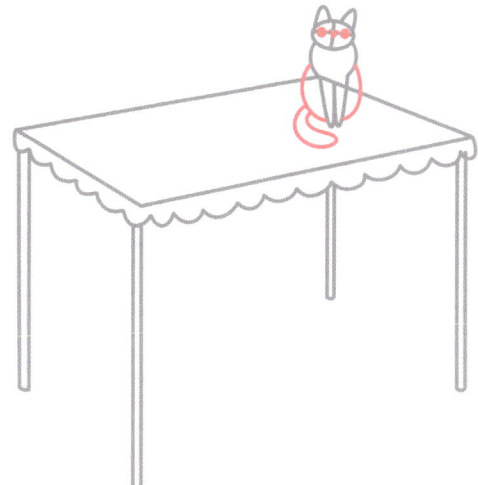

5 Añade las orejas, el pecho y las patas delanteras.

6 Ahora dibuja dos arcos para la parte superior de las patas, la cola mullida y una carita adorable.

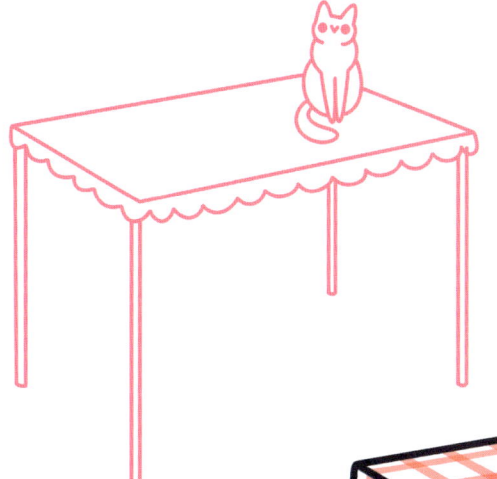

7 Borra las guías y las superposiciones que no quieras que se vean.

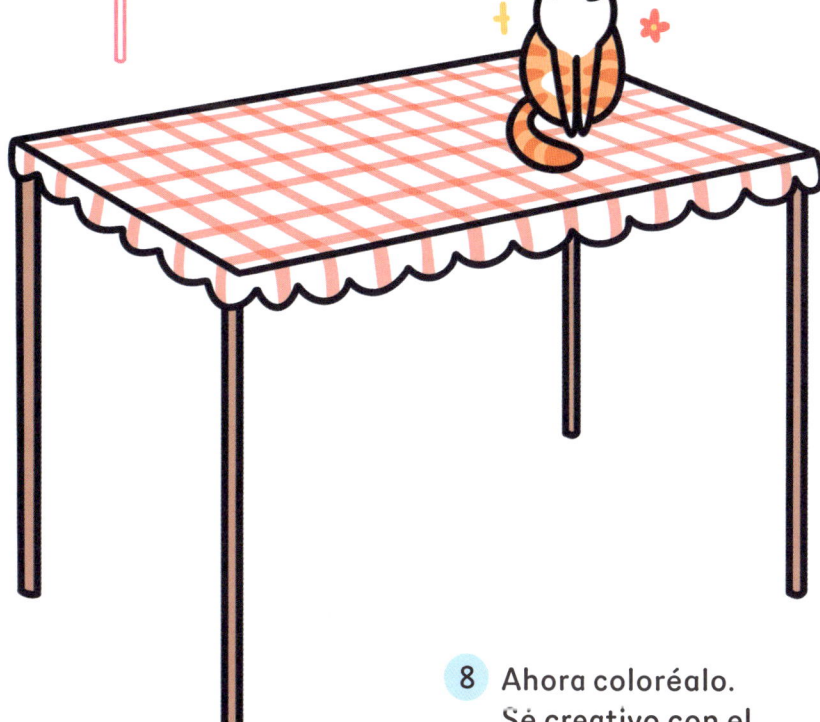

8 Ahora coloréalo. Sé creativo con el diseño del mantel.

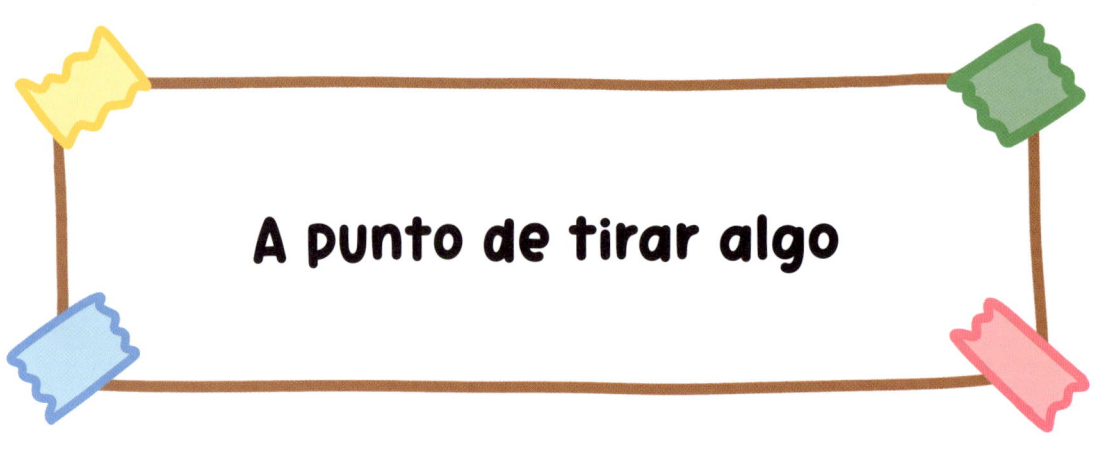

A punto de tirar algo

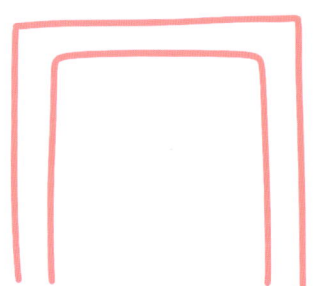

1 Dibuja la mesita de noche. Basta con hacer un cuadrado dentro de otro, dejando la parte inferior abierta para darle un aspecto singular.

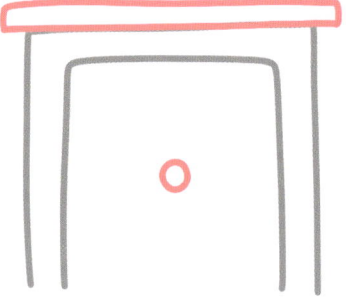

2 Dibuja un pequeño pomo en la puerta y añade algo de volumen a la parte superior con un rectángulo largo y estrecho.

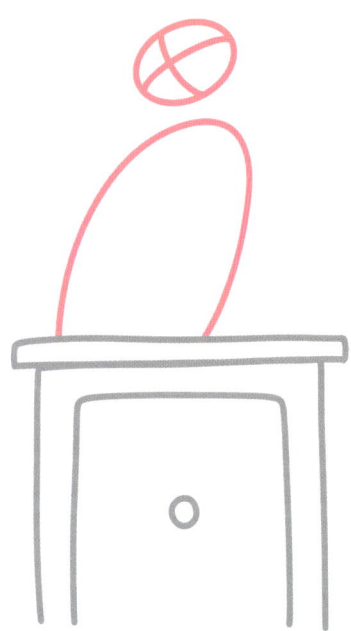

3 Para el gato, dibuja un óvalo alargado e inclinado superpuesto a la mesita por la parte inferior y la cara inclinada como se muestra.

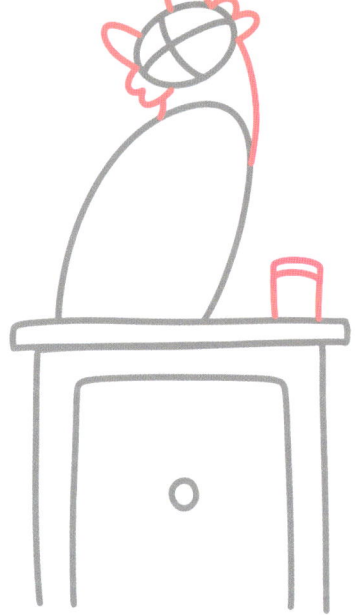

4 Añade las orejas y el pelaje de la cara del gato, y el vaso de agua.

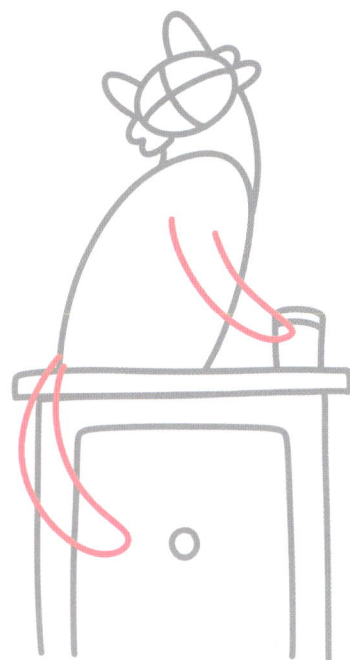

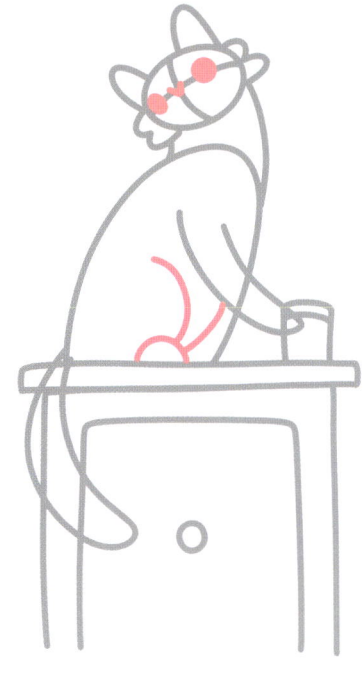

5 Dibuja la pata traviesa y la cola del gato.

6 Añade la peculiar carita achuchable, una zarpa en forma de semicírculo, una línea más redondeada para la parte superior de la pata y una línea algo más recta para el abdomen.

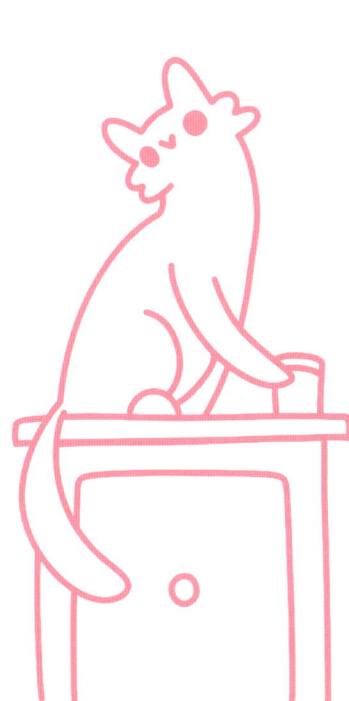

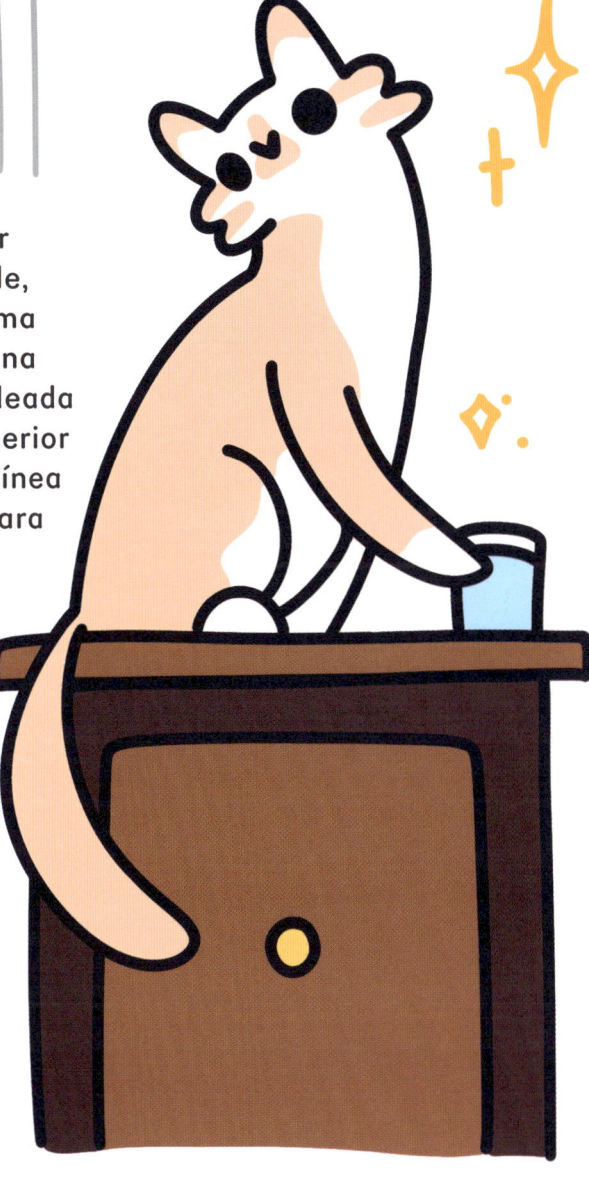

7 Borra las guías.

8 ¡Hora de colorear!

Durmiendo encima de un portátil

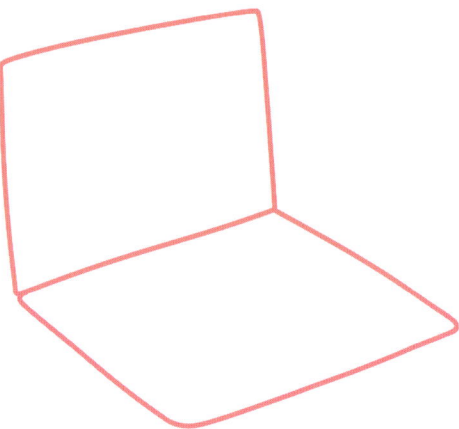

1 Dibuja dos rectángulos oblicuos como base del portátil.

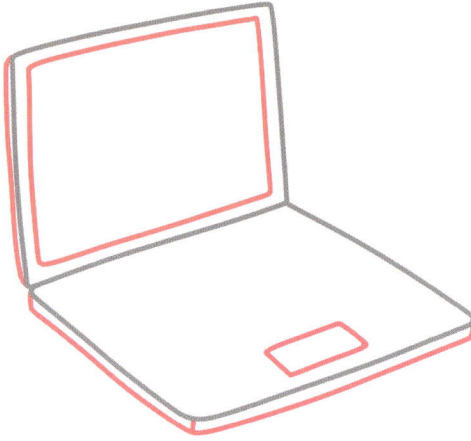

2 Hazlo tridimensional como yo y añade la pantalla y el panel táctil.

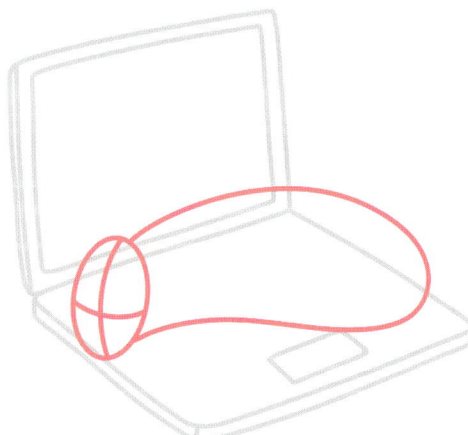

3 Reduce la opacidad del contorno del portátil o bórralo un poco antes de empezar a dibujar el gato. Ya sabes cómo hacerlo: haz un óvalo y una figura en forma de alubia.

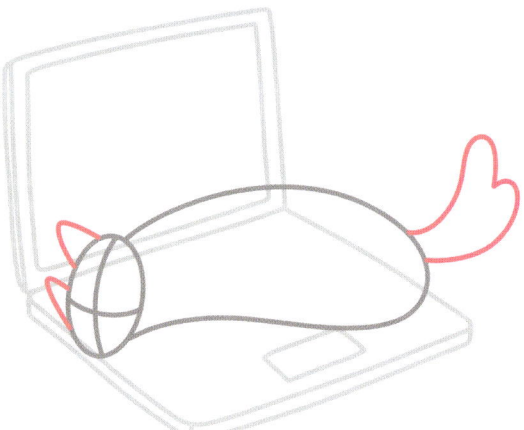

4 Añade las orejas y la cola. He dibujado la cola apuntando hacia arriba, pero te animo a que seas creativo y la dibujes como más te guste.

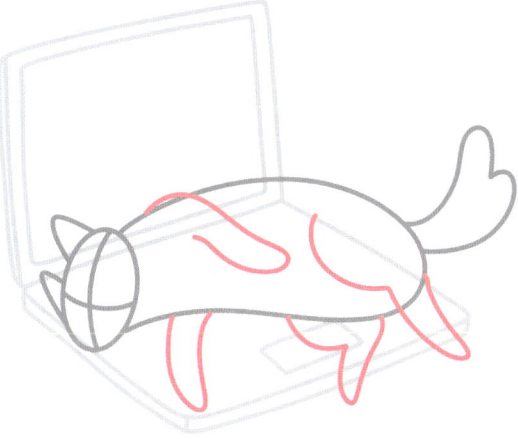 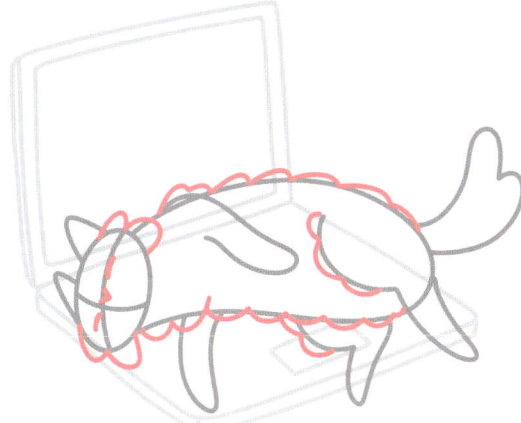

5 Dibuja las patas. Me gusta dibujarlas cada una de una manera en una postura como esta. Puedes hacer como yo para evitar la simetría.

6 Añade la cara y el pelaje. Mi gato tiene los ojos cerrados y duerme plácidamente. ¿Y el tuyo?

7 Borra las guías y perfila todos los contornos. Y no olvides volver a aumentar la opacidad del contorno del portátil.

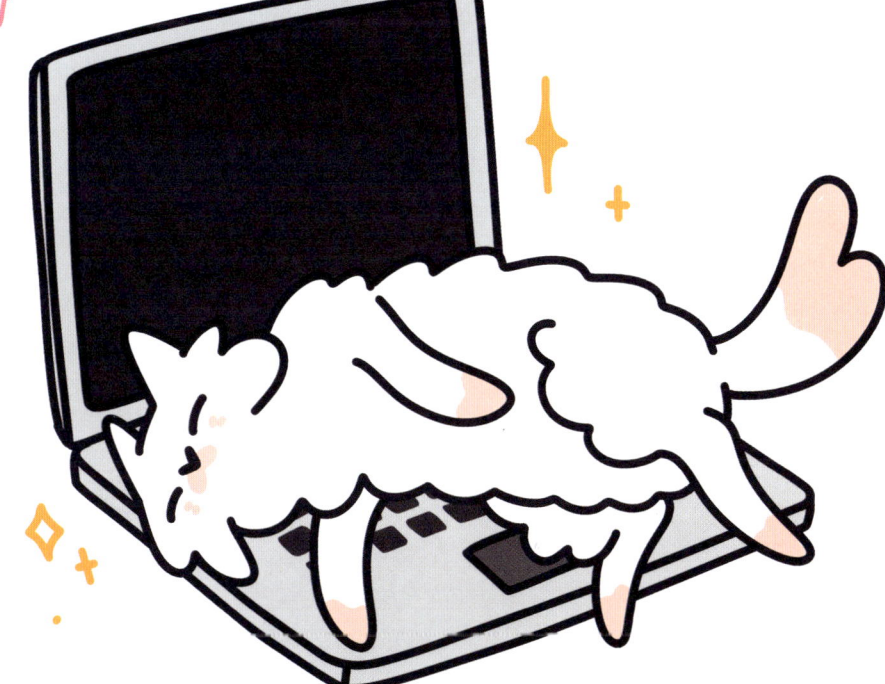

8 ¡A colorear! También he añadido algunas teclas al ordenador portátil.

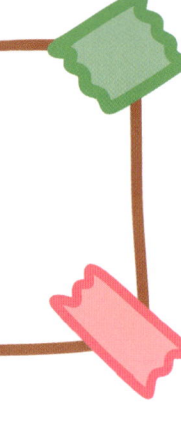

En una cama enorme

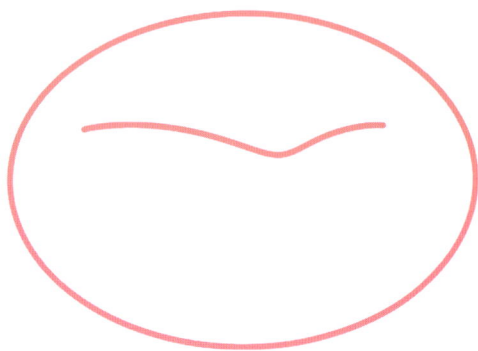

1 Dibuja la cama con un óvalo grande y una línea ondulada en el centro.

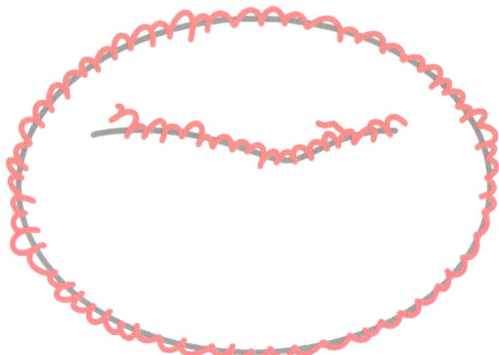

2 Ahora haz que la cama se vea mullida.

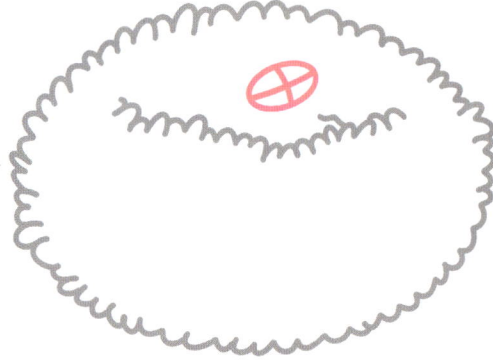

3 Empieza a dibujar el gatito con un óvalo que represente la cabeza.

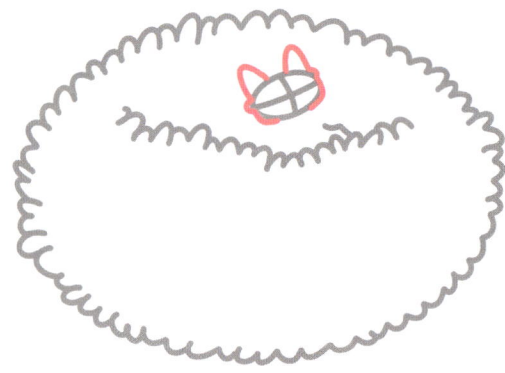

4 Añade las orejas y define las mejillas.

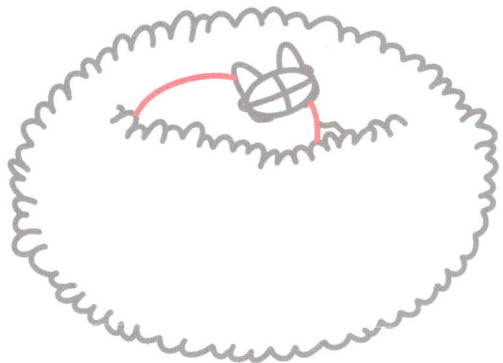

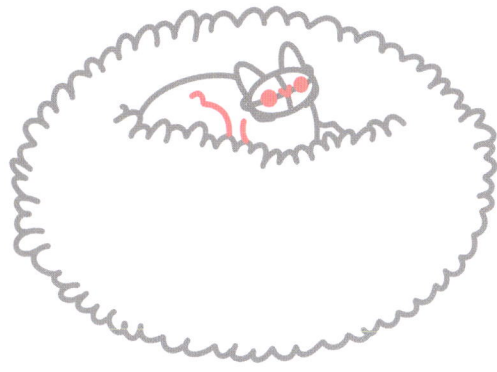

5 Dibuja el cuerpo del gato metido cómodamente en medio de la cama.

6 Dibuja la cara más adorable que puedas y haz unos trazos para indicar que tiene las patas flexionadas.

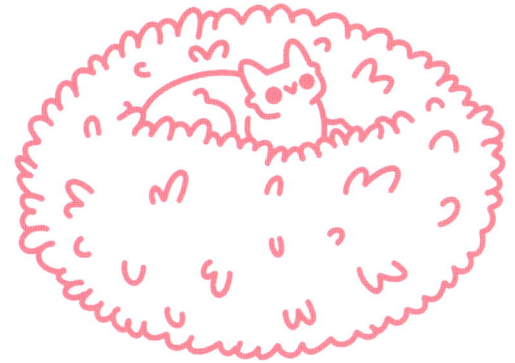

7 Borra las guías y añade un poco más de volumen a la cama.

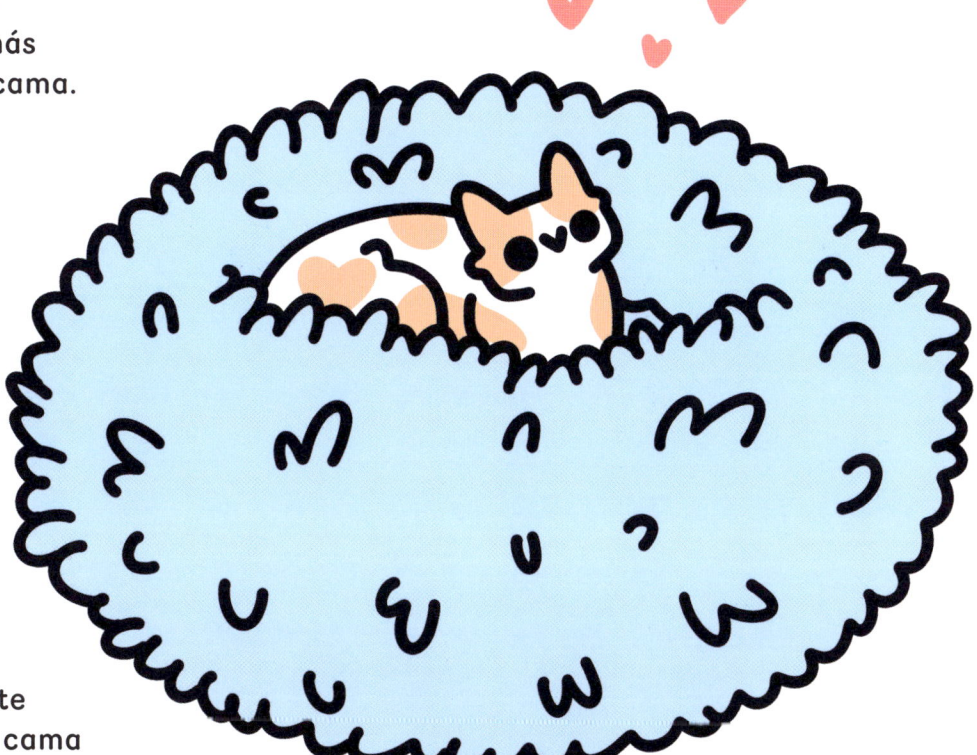

8 ¡A colorear! ¿No te gustaría que esa cama estuviera hecha a tu medida?

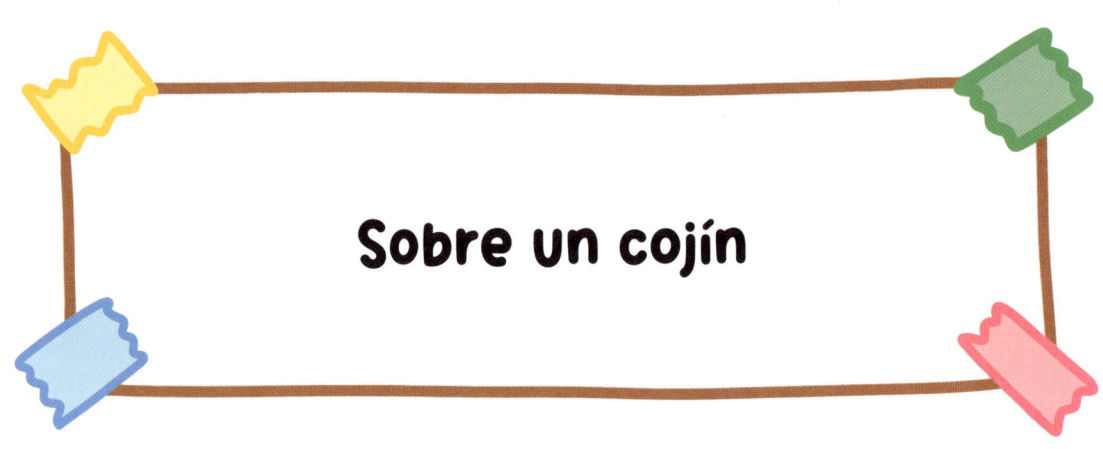

Sobre un cojín

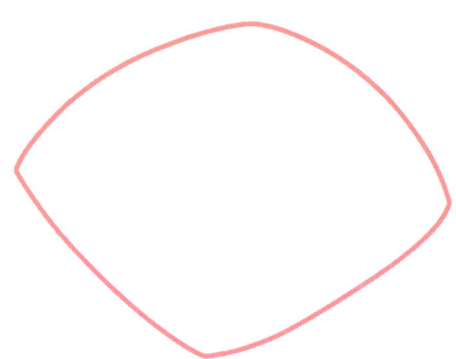

1 Para empezar, dibuja el cojín en forma de rombo redondeado.

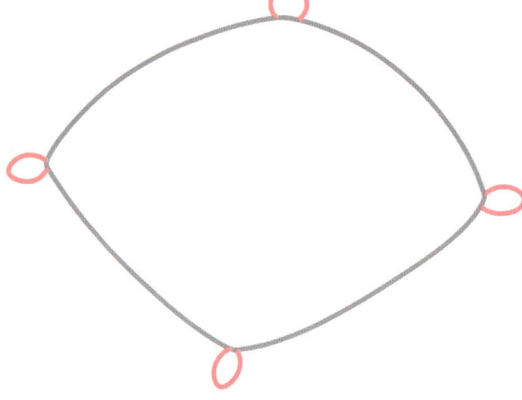

2 Para aportar interés, adorna el cojín con unas borlas en los extremos.

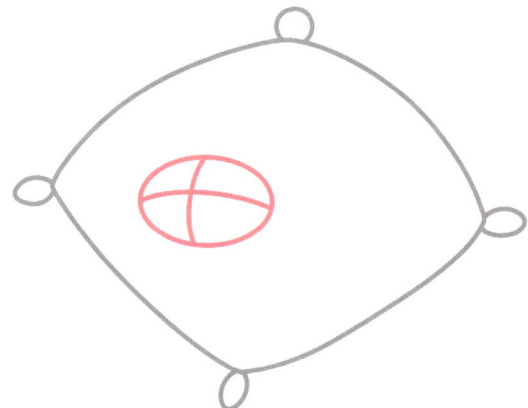

3 Cerca del extremo izquierdo, dibuja el óvalo de la cara del gato.

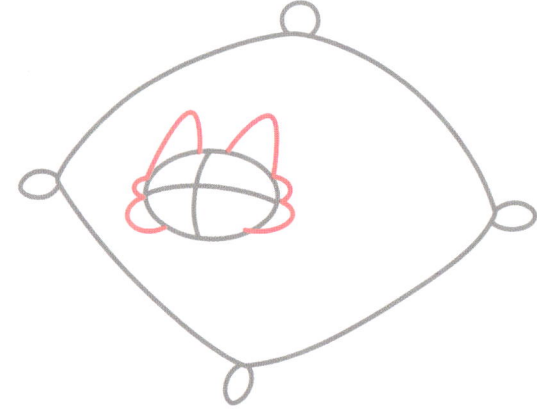

4 Añade las orejas y el pelaje de la cara.

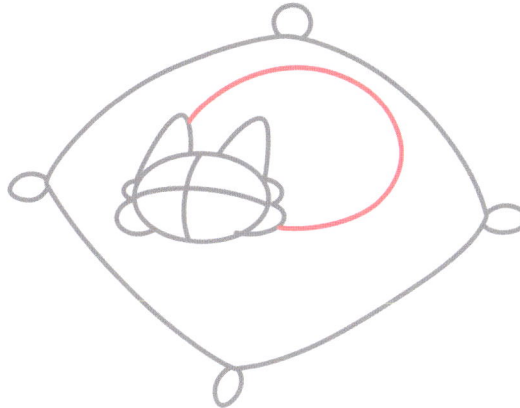

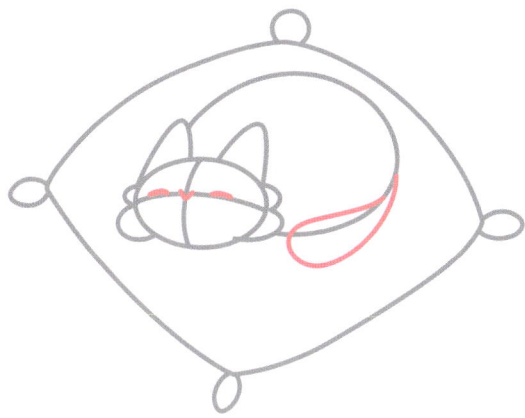

5 Para el cuerpo, une un ovalo alargado a la cara.

6 Dibuja una carita feliz y la cola enroscada junto al cuerpo.

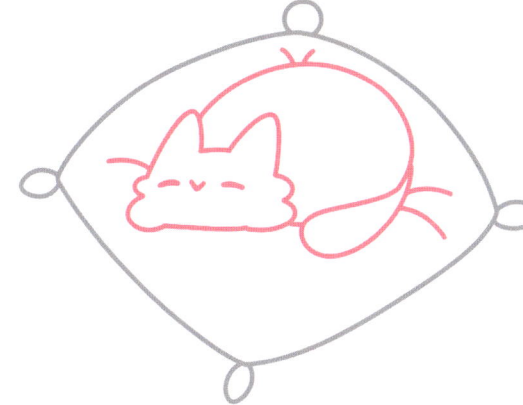

7 Borra las guías y añade unas líneas curvas que salgan del cuerpo del gatito. Así el cojín parecerá aún más mullido.

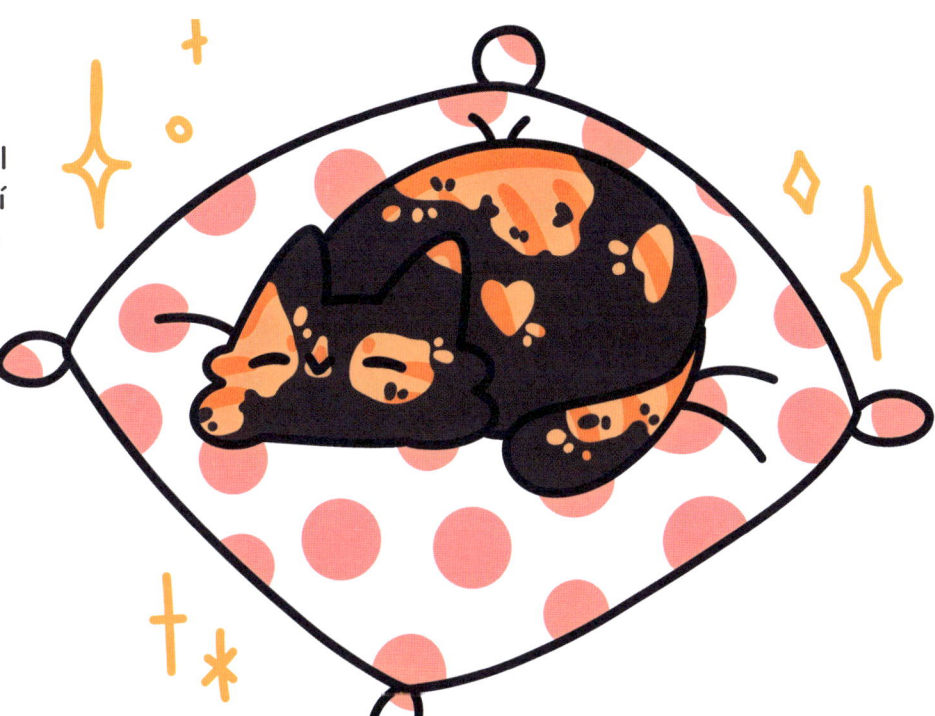

8 Coloréalo. Mi cojín tiene un estampado de lunares. ¿Y el tuyo?

Dentro de una caja

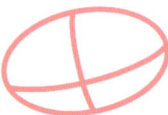

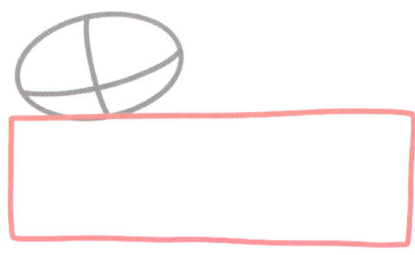

1. Para empezar, dibuja un óvalo algo inclinado hacia abajo.

2. Justo debajo, dibuja un rectángulo alargado.

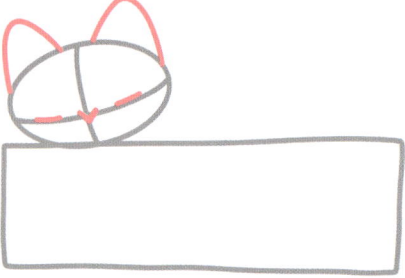

3. Añade las orejas y una carita de sueño.

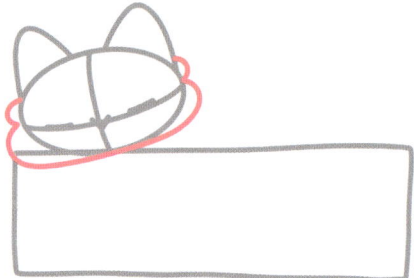

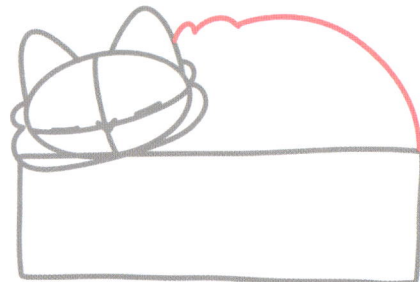

4. Ahora, dibuja un poco de pelaje en las mejillas.

5. Dibuja un arco algo peludo para el lomo, desde la oreja derecha hasta el final de la caja.

Aprende a dibujar tiernos gatitos

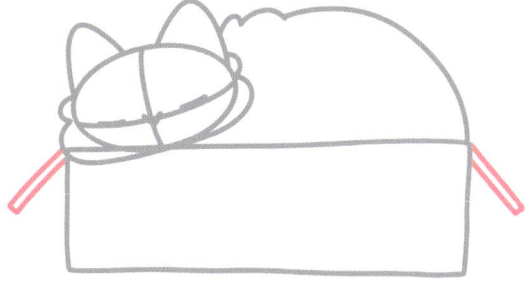

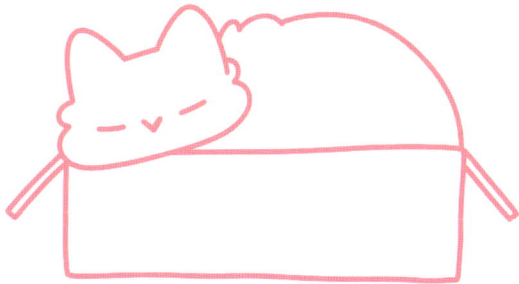

6 Añade las tapas para que la caja quede más realista.

7 Borra todo lo que no quieras que se vea.

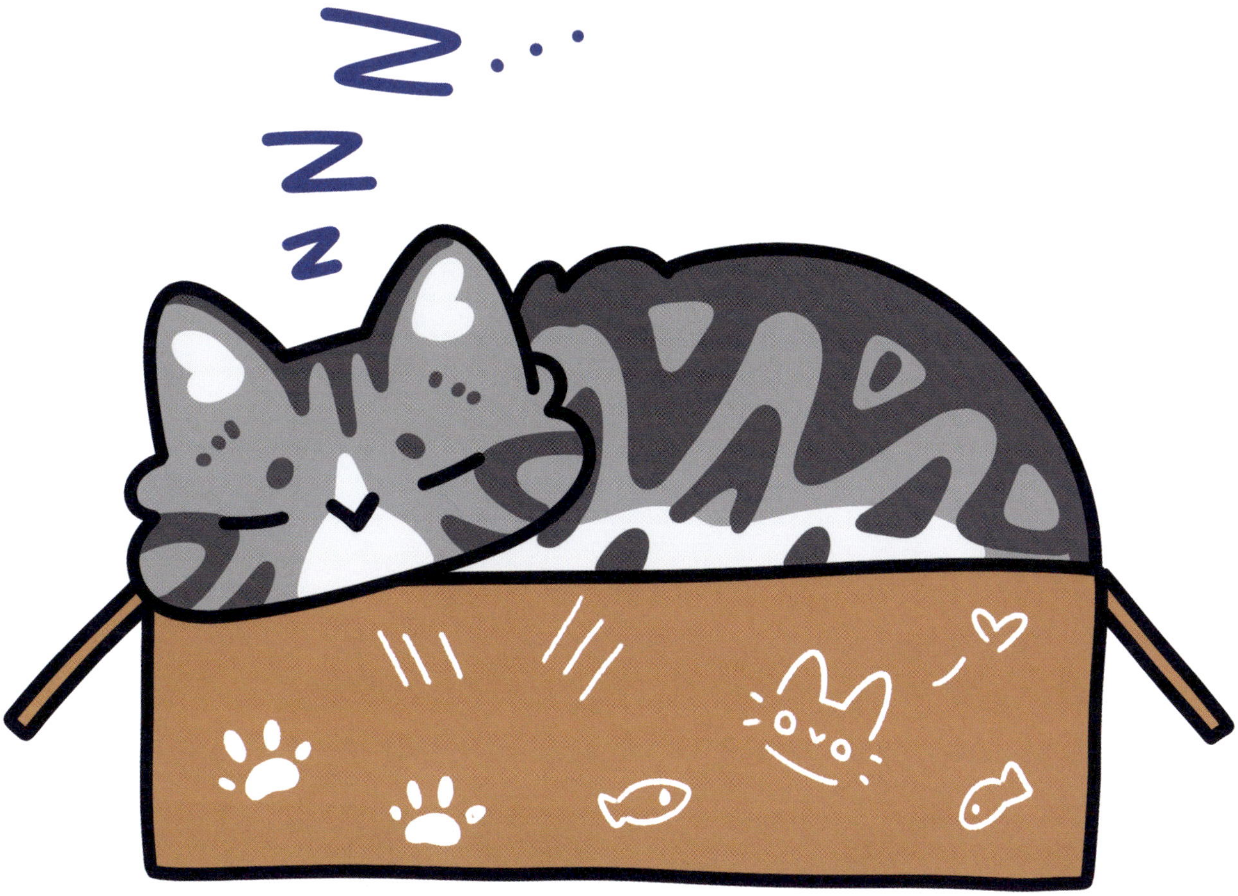

8 Coloréalo. Haz la caja tan sencilla o tan divertida y detallada como quieras.

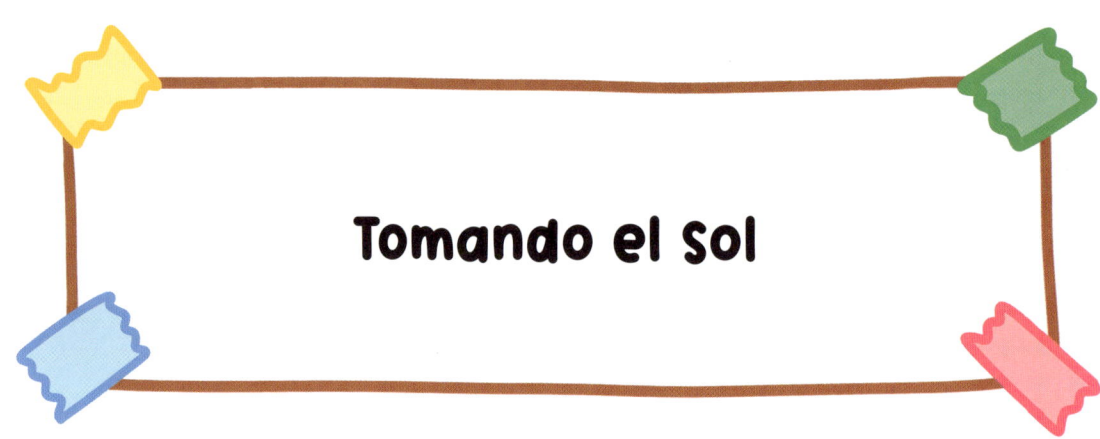

Tomando el sol

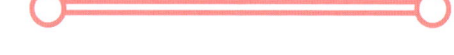

1 Para empezar, dibuja una bonita y sencilla barra de cortina.

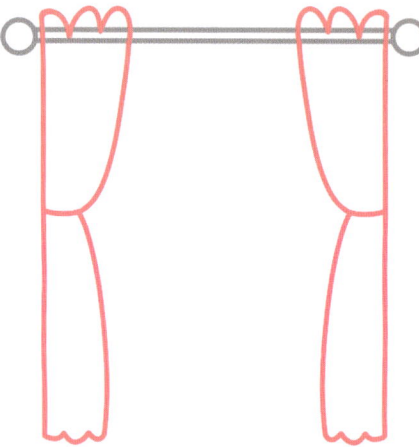

2 A continuación, dibuja una cortina a cada lado.

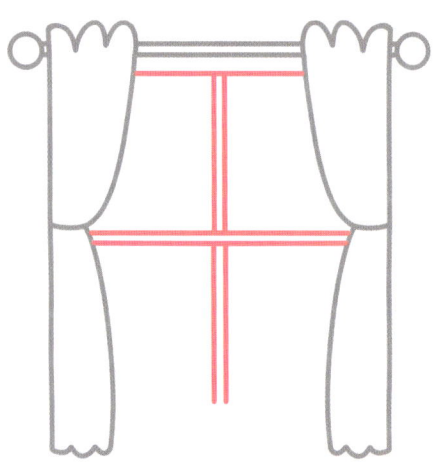

3 Dibuja el marco de la ventana y borra las superposiciones.

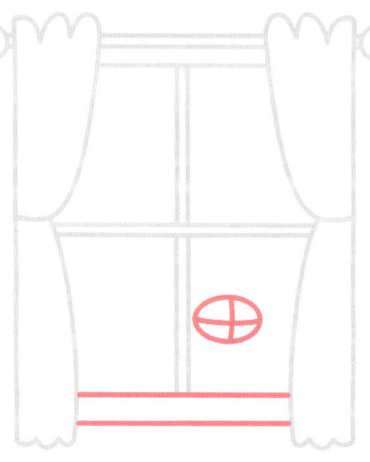

4 Añade el alféizar de la ventana y empieza a dibujar el gato con el óvalo de costumbre.

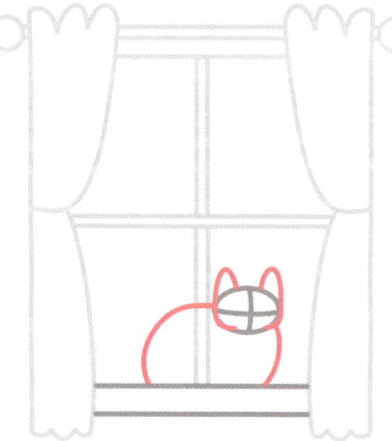

5 Dibuja dos arcos para el cuerpo y añade las orejas.

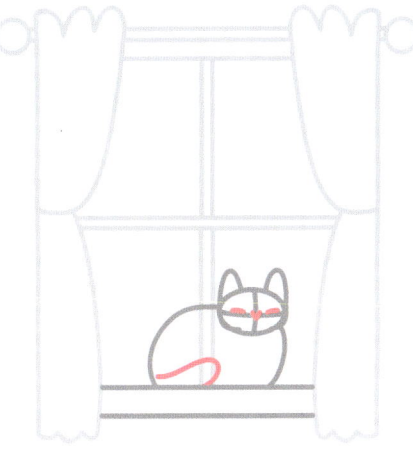

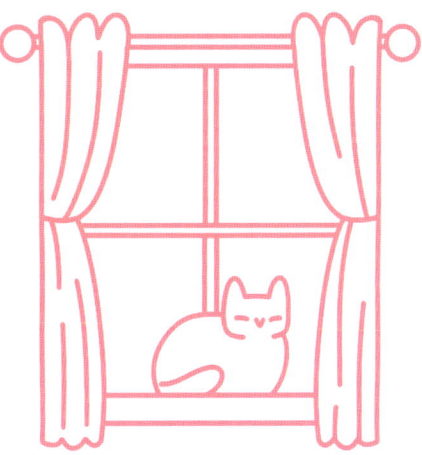

6 Ahora solo falta dibujar la cola y una carita de felicidad.

7 Deja el dibujo lo más limpio y bonito posible.

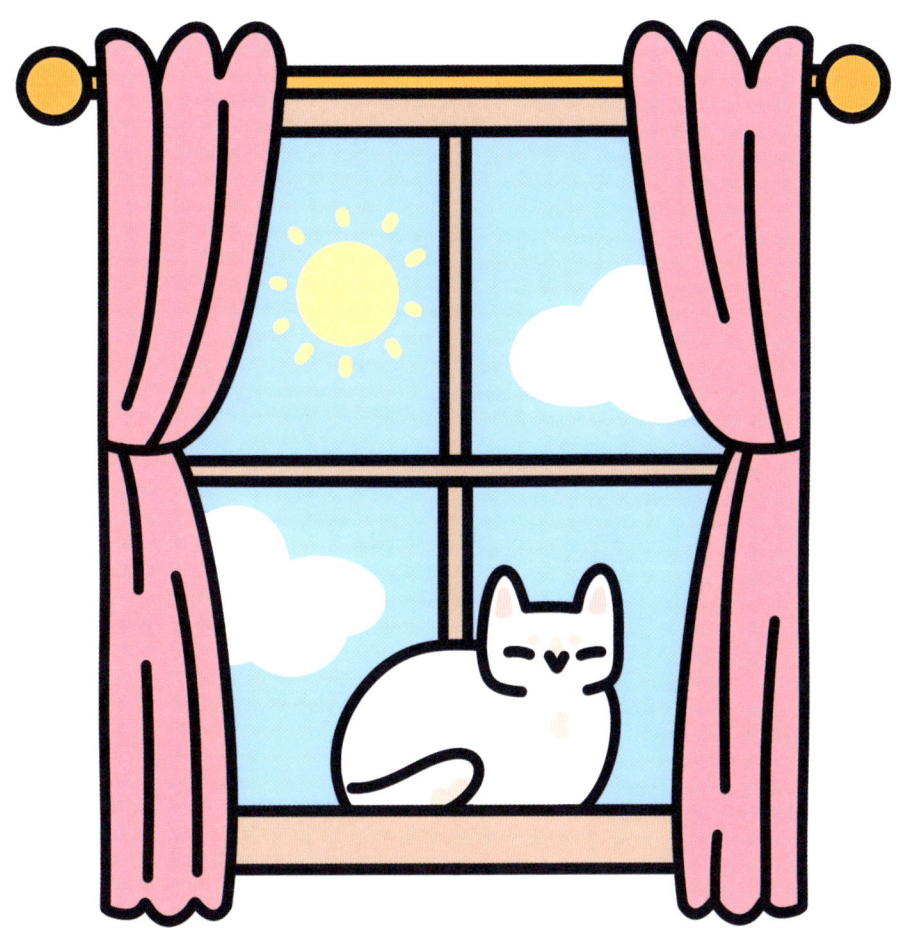

8 ¡Hora de colorear! ¿Qué está pasando al otro lado de **tu** ventana?

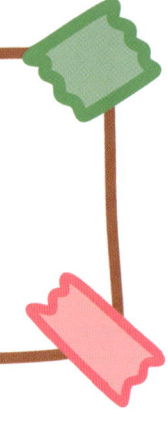

Encima de un rúter wifi

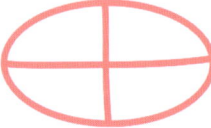

1 Para empezar, dibuja un óvalo aplanado.

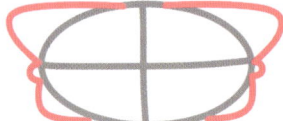

2 Añade las orejas y el pelaje de las mejillas.

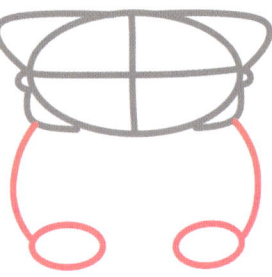

3 Dibuja el pecho y las patas delanteras.

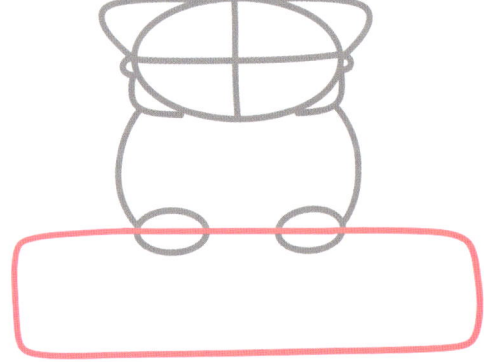

4 Dibuja un rectángulo con los extremos redondeados para el rúter, de modo que la parte superior atraviese la mitad de las zarpas.

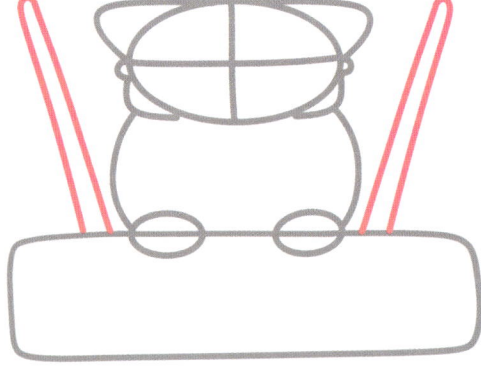

5 Añade las antenas a ambos lados del rúter.

Aprende a dibujar tiernos gatitos

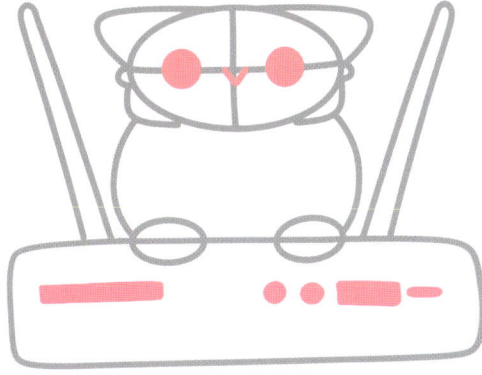

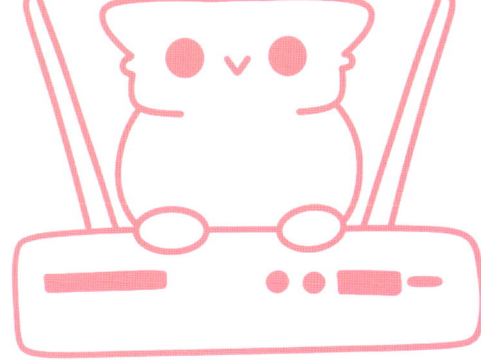

6 Dibuja la cara del gato y los botones del rúter.

7 Borra las guías.

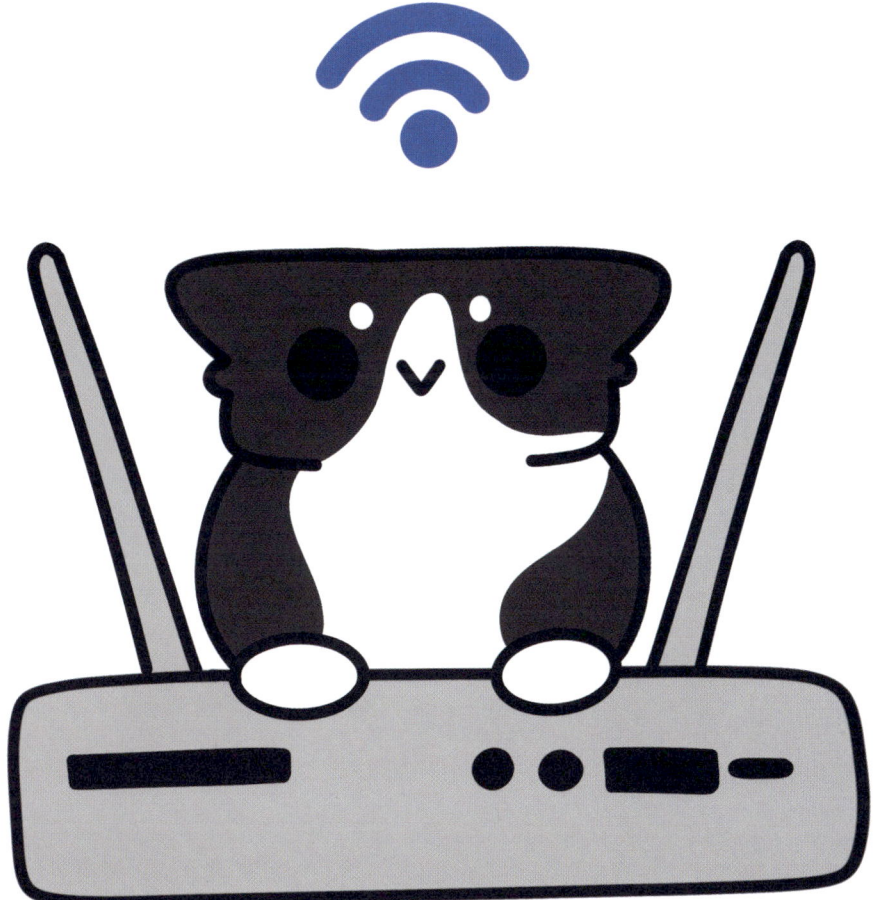

8 Colorea el gato y el rúter, y añade una señal wifi.

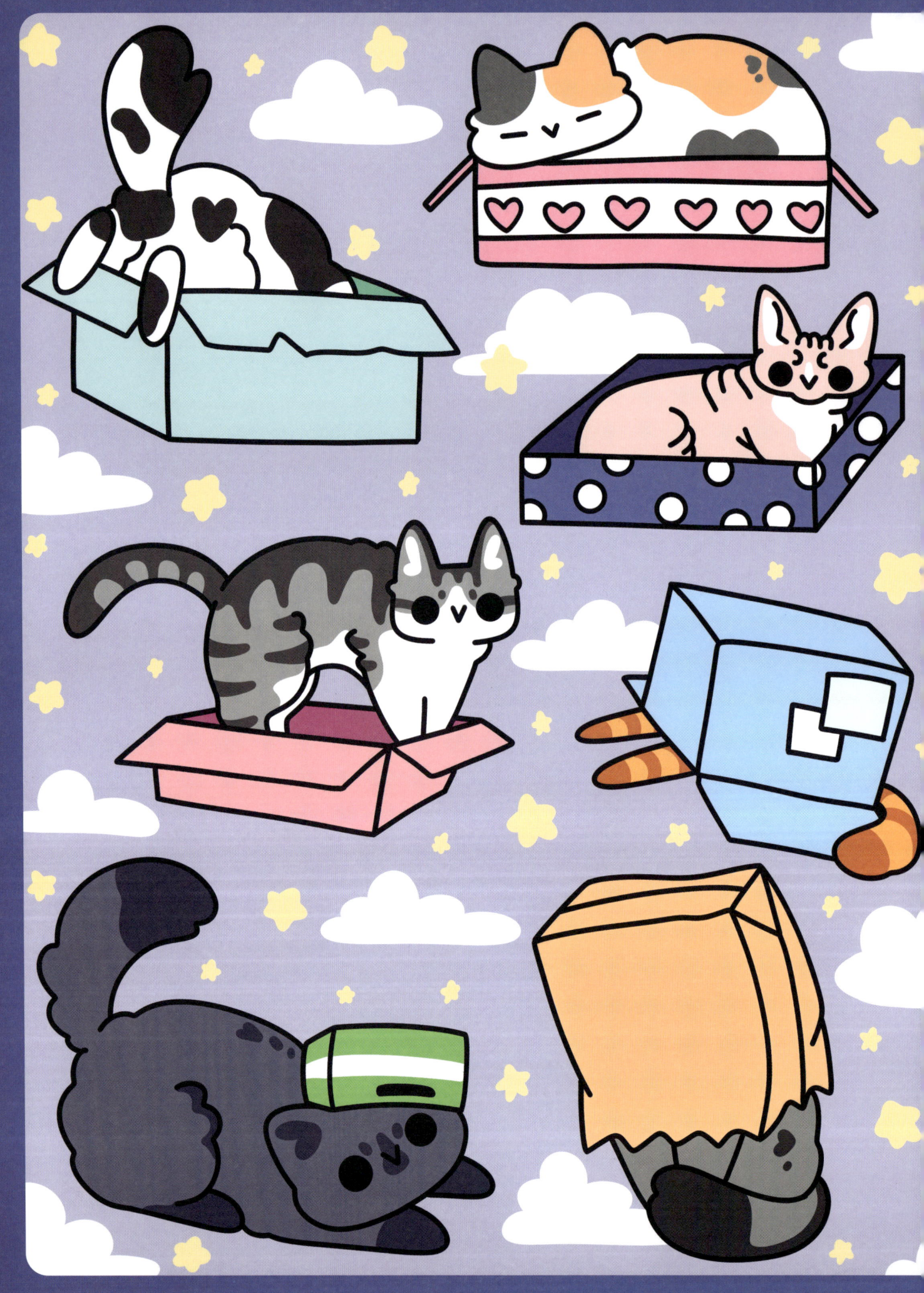

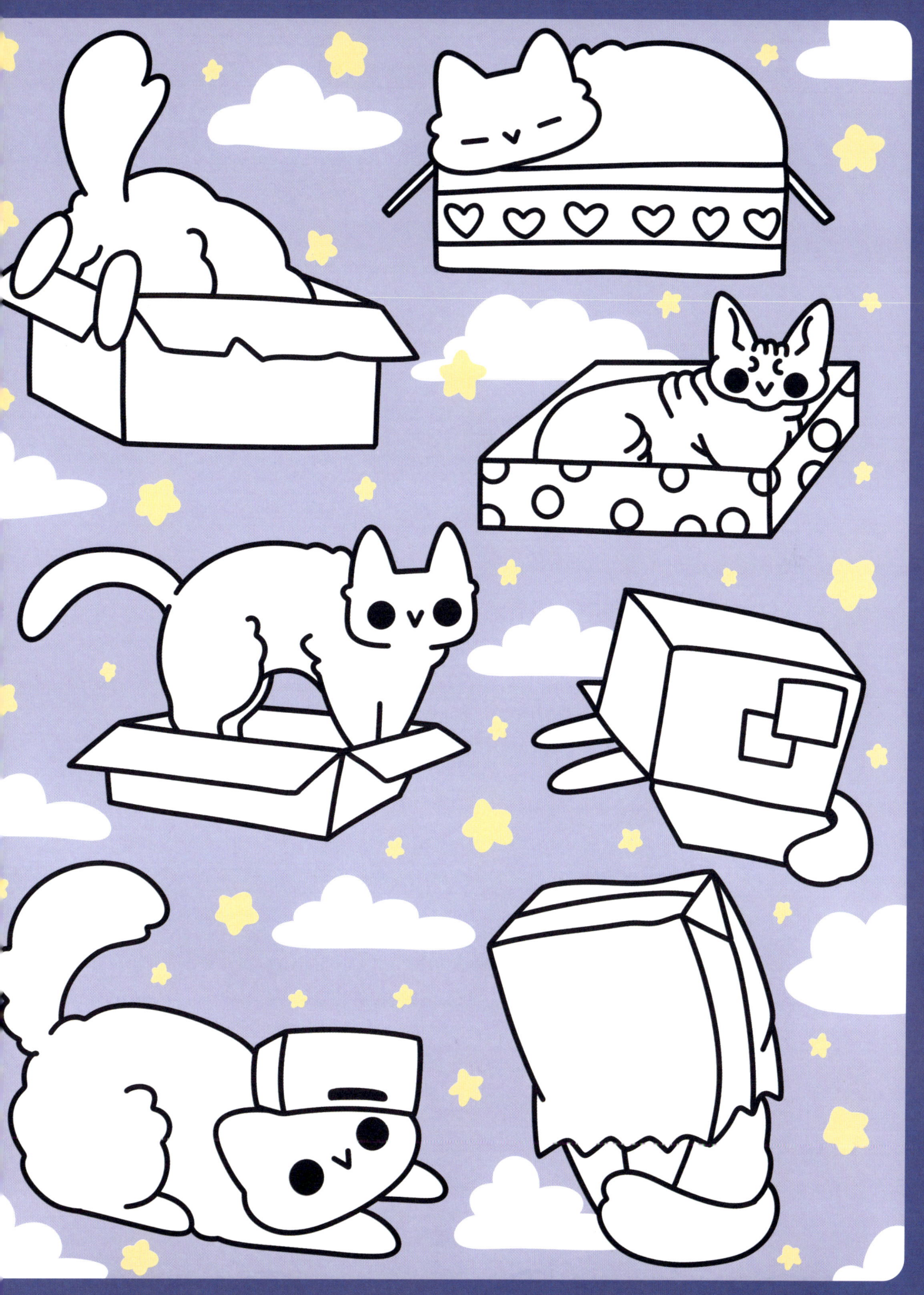

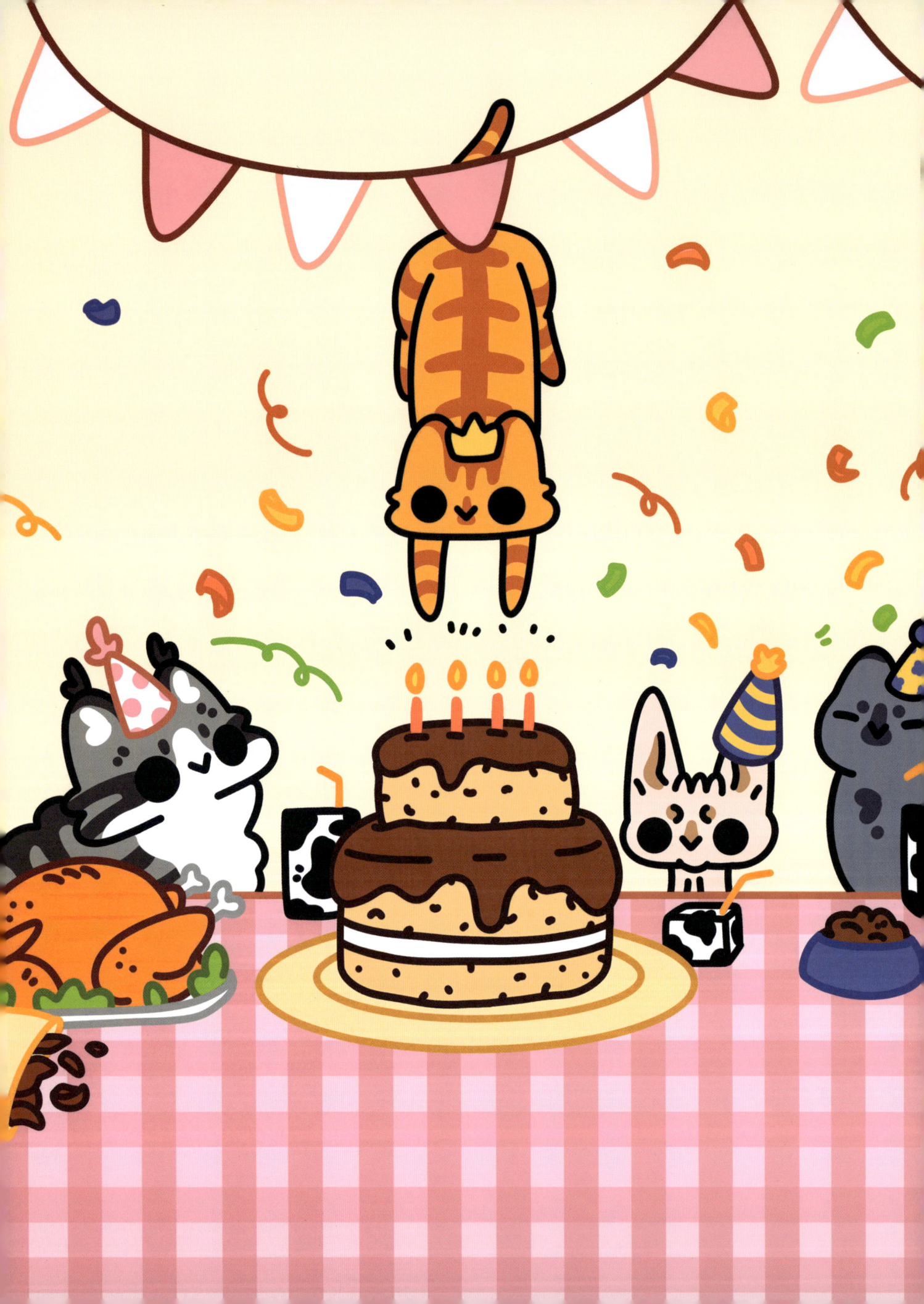

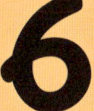

6

La fiesta de

cumpleaños

¿Hay algo mejor que una fiesta de cumpleaños? Una fiesta de cumpleaños de un gatito tierno y adorable, por supuesto. Si alguna vez necesitas un regalo de cumpleaños para un amante de los gatos, prueba a dibujar una (o todas) de estas imágenes en una tarjeta. ¡Será muy divertido!

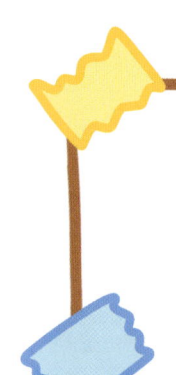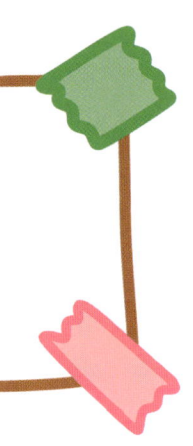

Gatitos con gorros
de cumpleaños

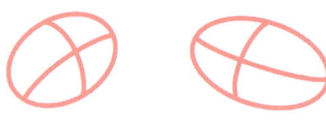

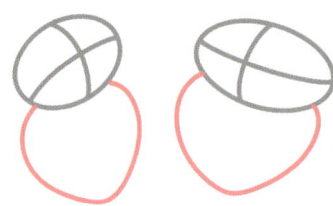

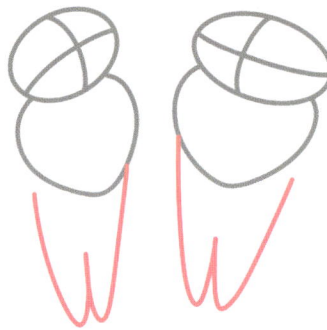

1 Dibuja dos óvalos inclinados uno al lado del otro. Procura que no queden demasiado cerca.

2 Dibuja dos figuras en forma de fresa y júntalas con los óvalos para hacer el pecho de los gatos.

3 Para las patas delanteras, dibuja dos W alargadas, pero une **solo** los extremos interiores a las figuras en forma de fresa.

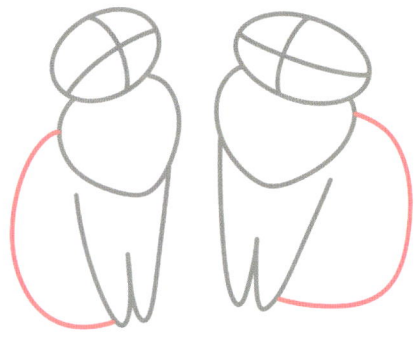

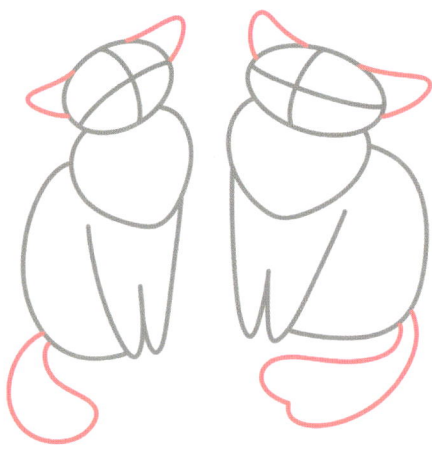

4 Dibuja dos líneas curvas para los cuerpos. Haz una más redondeada que la otra. Es más divertido si los dos gatos son un poco diferentes.

5 Añade las orejas y las colas. El gato de la derecha tendrá mucho más pelaje, así que tenlo en cuenta.

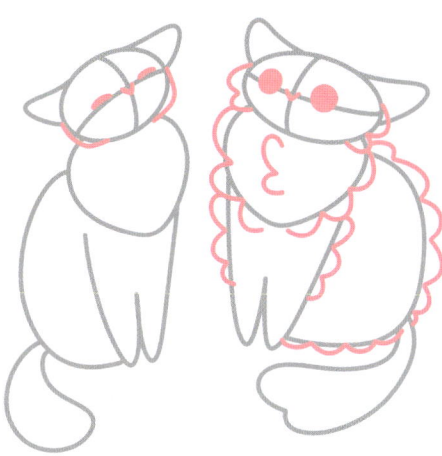
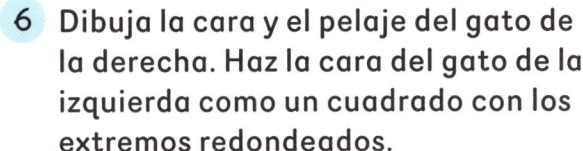
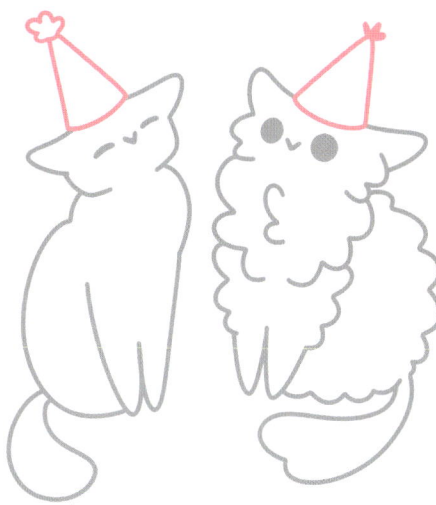

6 Dibuja la cara y el pelaje del gato de la derecha. Haz la cara del gato de la izquierda como un cuadrado con los extremos redondeados.

7 Ahora, ponles unos gorritos de fiesta. Juega con el tamaño de los gorros y los pompones hasta que estés satisfecho con el resultado.

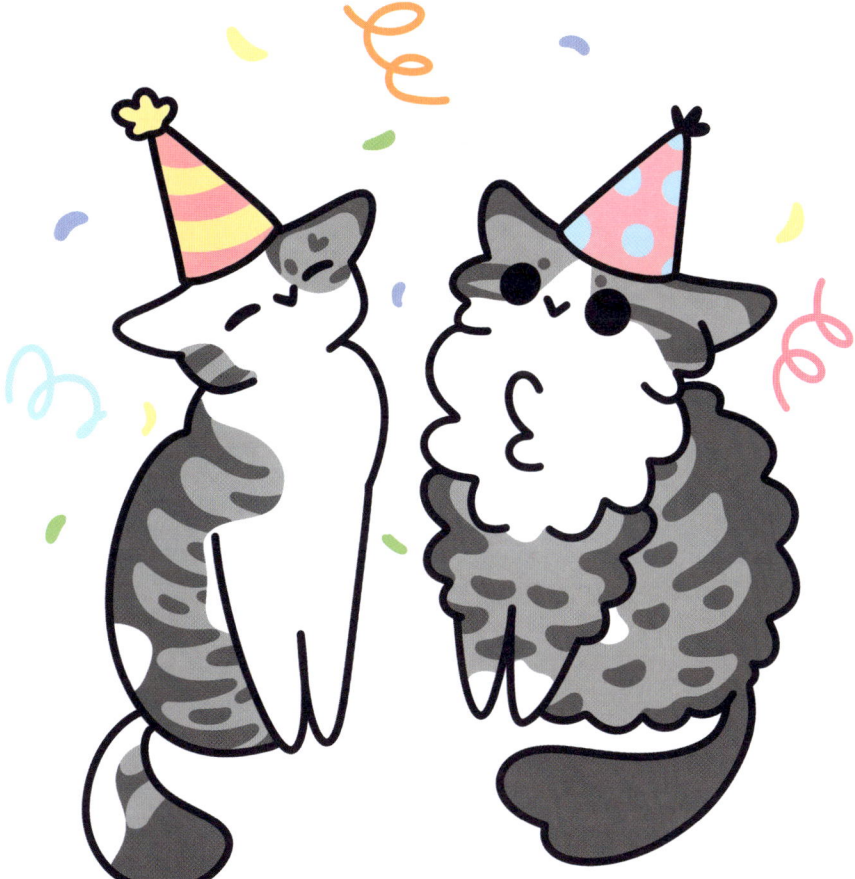

8 Estos gatos son hermanos, así que haz sus manchas parecidas, pero no idénticas. Si quieres, da rienda suelta a la imaginación para el diseño de los gorros de fiesta.

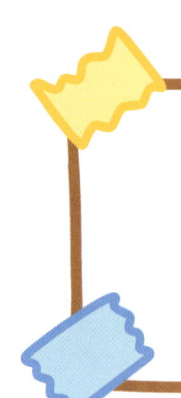
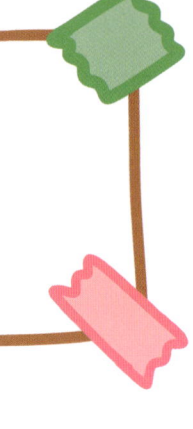

Gatito con un pastel

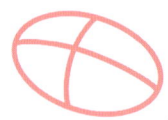

1 Para empezar, dibuja un óvalo y cruza las líneas un poco hacia la parte superior izquierda.

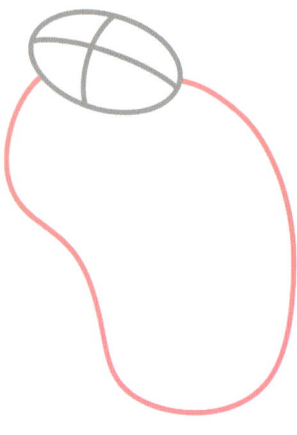

2 Añade una figura en forma de alubia para el cuerpo del gato.

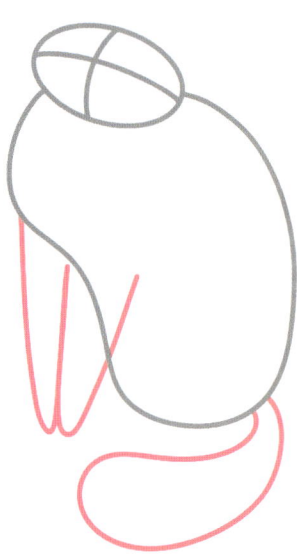

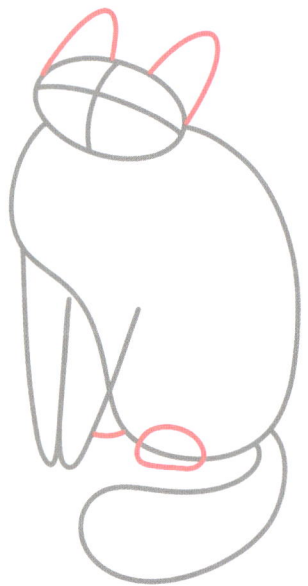

3 Dibuja una W alargada para las patas delanteras y la cola.

4 Añade las orejas y una figura en forma de guijarro para la pata trasera visible, así como un atisbo de la pata trasera que está más alejada y no se ve.

Aprende a dibujar tiernos gatitos

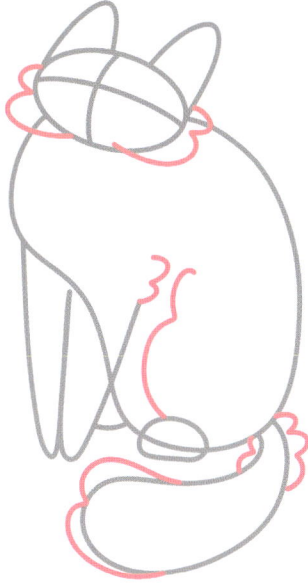

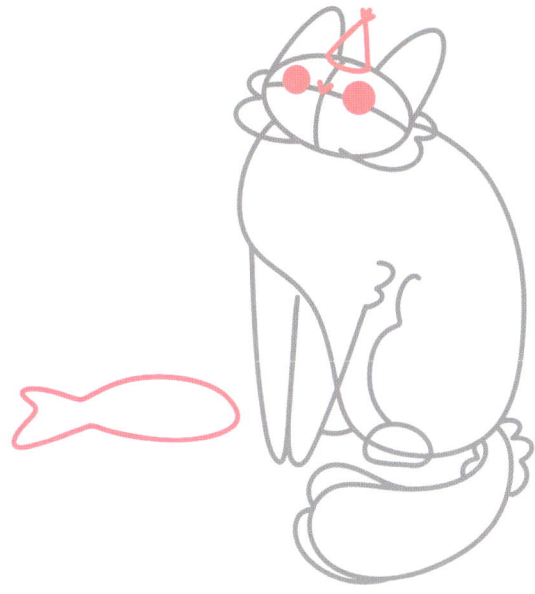

5 Dibuja el pelaje. Puedes añadir tanto pelo como quieras para que el gato quede más cuqui.

6 Dibuja la cara y añade un gorrito de fiesta para la ocasión. También voy a dibujar un pastel en forma de pez, pero tu pastel puede tener la forma que prefieras.

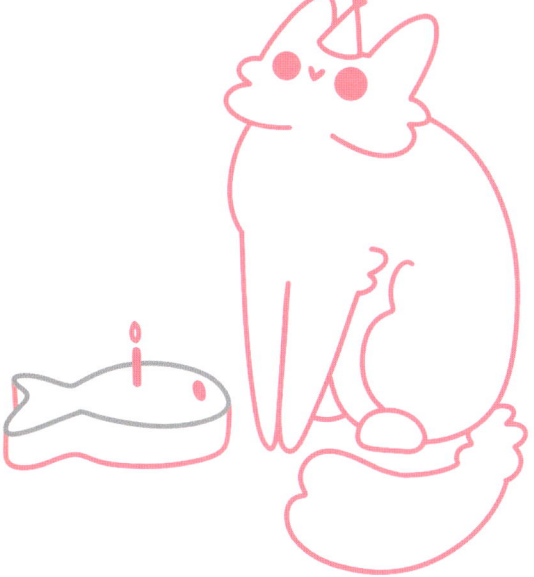

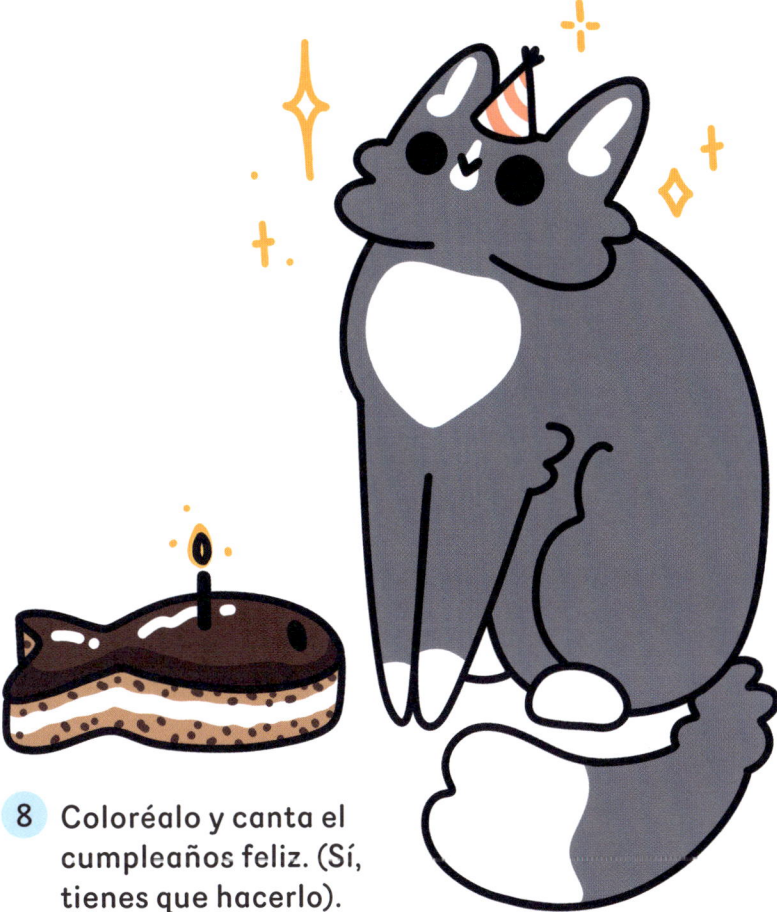

7 Borra las guías y añade profundidad al pastel dándole una forma tridimensional.

8 Coloréalo y canta el cumpleaños feliz. (Sí, tienes que hacerlo).

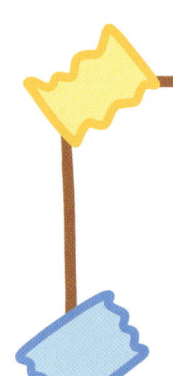
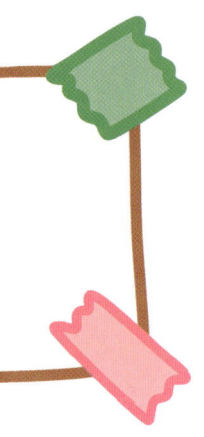

Gatito jugando con serpentinas

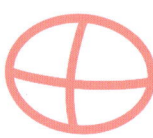

1 Dibuja un óvalo pequeño. Ahora vamos a dibujar un gatito.

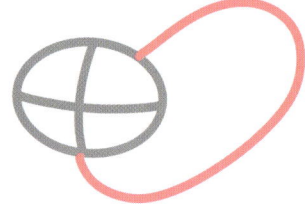

2 Añade un óvalo alargado ascendente en el lado derecho.

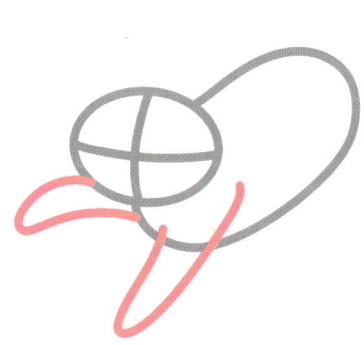

3 Dibuja las patas delanteras de esta manera, de modo que una toque el suelo y la otra esté levantada.

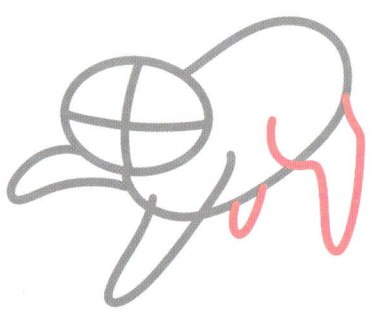

4 Ahora dibuja las patas traseras.

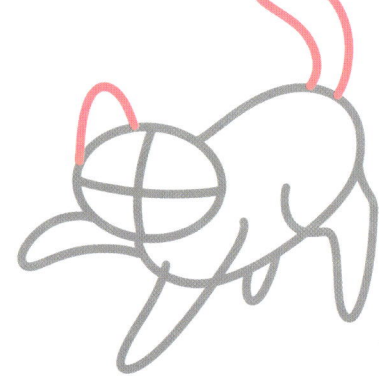

5 Dibuja **solo** una oreja y la cola levantada.

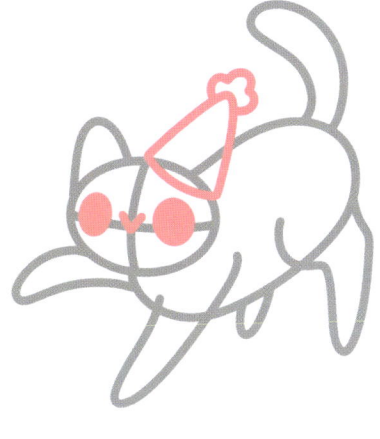

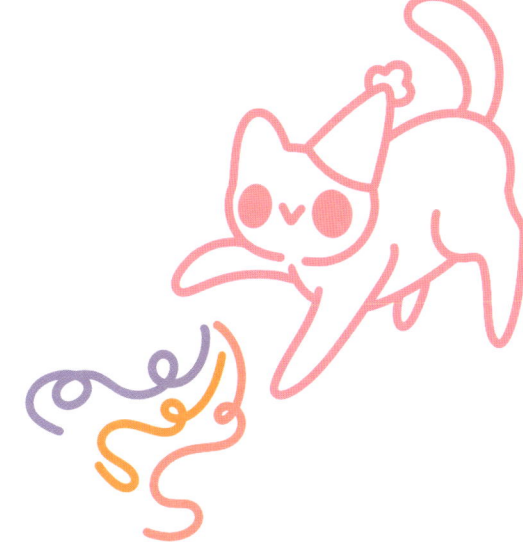

6 Añade un gorro de fiesta en lugar de la segunda oreja y dibuja la cara.

7 Borra las guías y dibuja unas divertidas serpentinas.

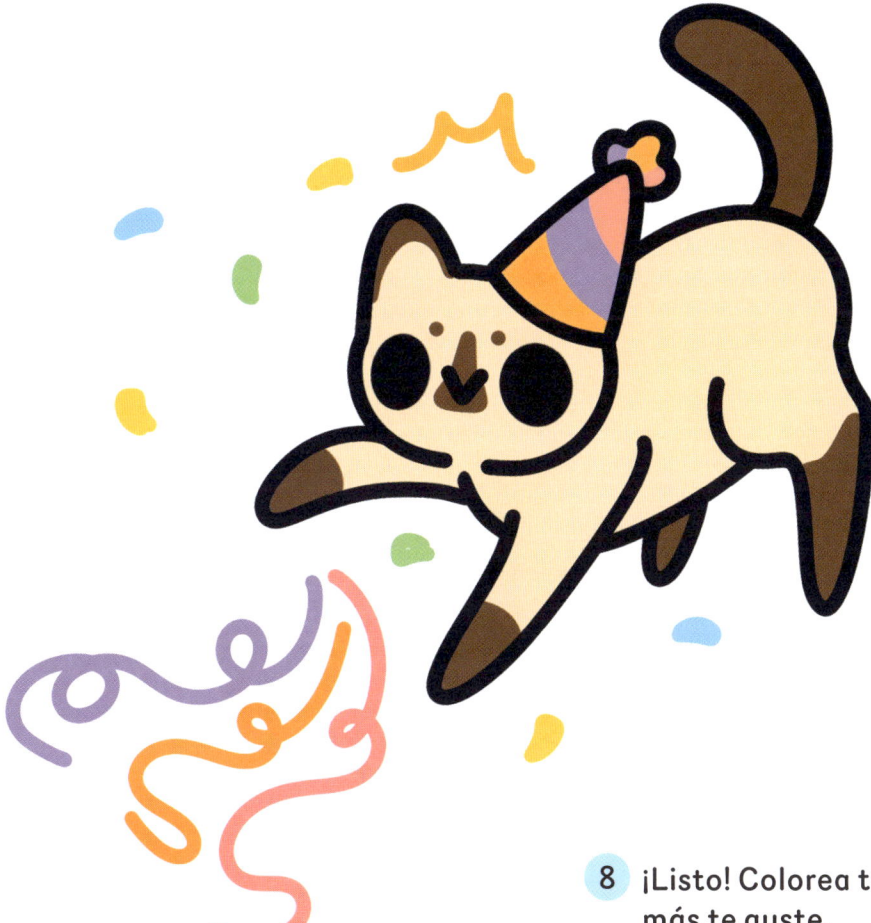

8 ¡Listo! Colorea tu gatito como más te guste.

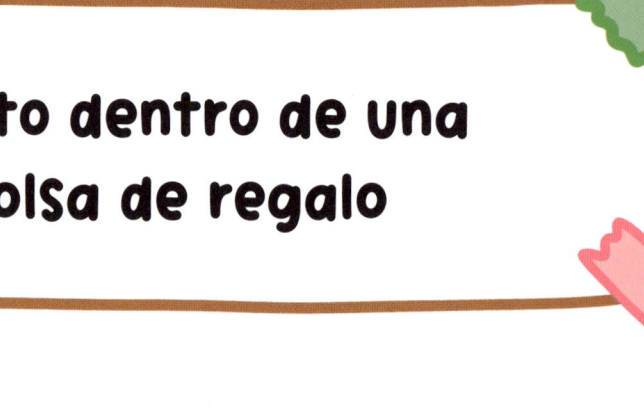

Gatito dentro de una bolsa de regalo

1 Dibuja un rectángulo vertical. No pasa nada si queda un poco torcido.

2 Ahora, añade profundidad a la bolsa de regalo.

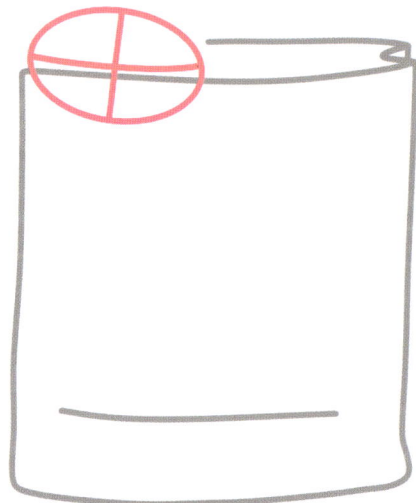

3 Dibuja el óvalo de costumbre para la cara de modo que se superponga con el borde superior de la bolsa.

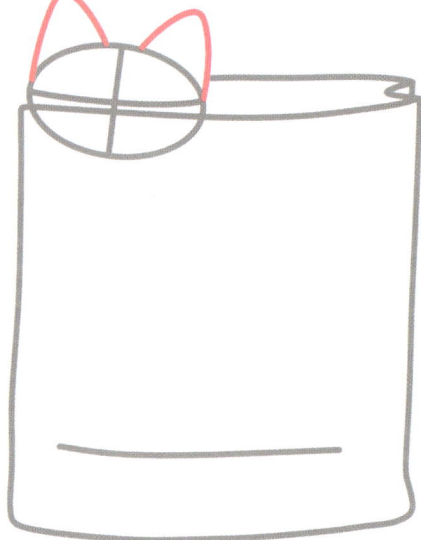

4 ¡Muy bien! Ahora puedes añadir las orejas.

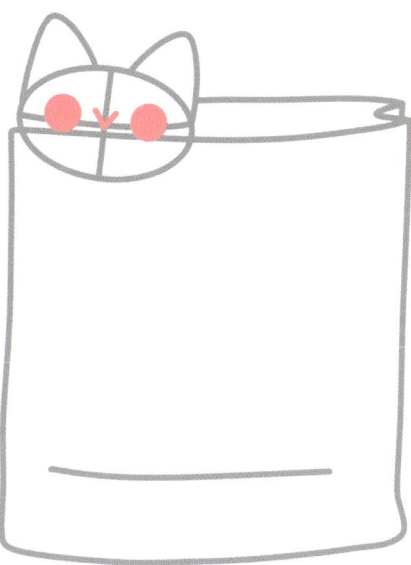

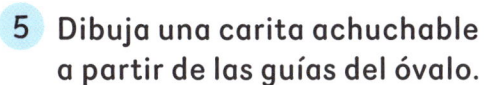

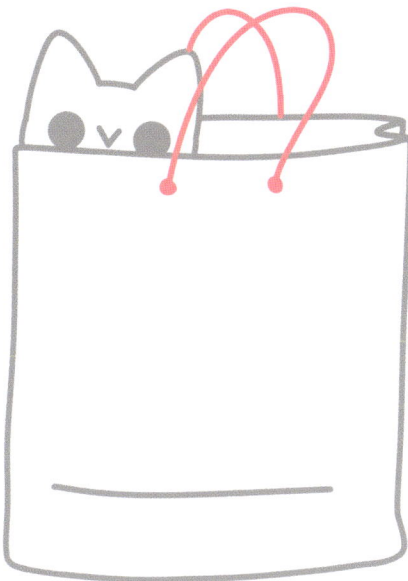

5 Dibuja una carita achuchable a partir de las guías del óvalo.

6 Borra lo que no quieras que se vea y añade unas asas a la bolsa.

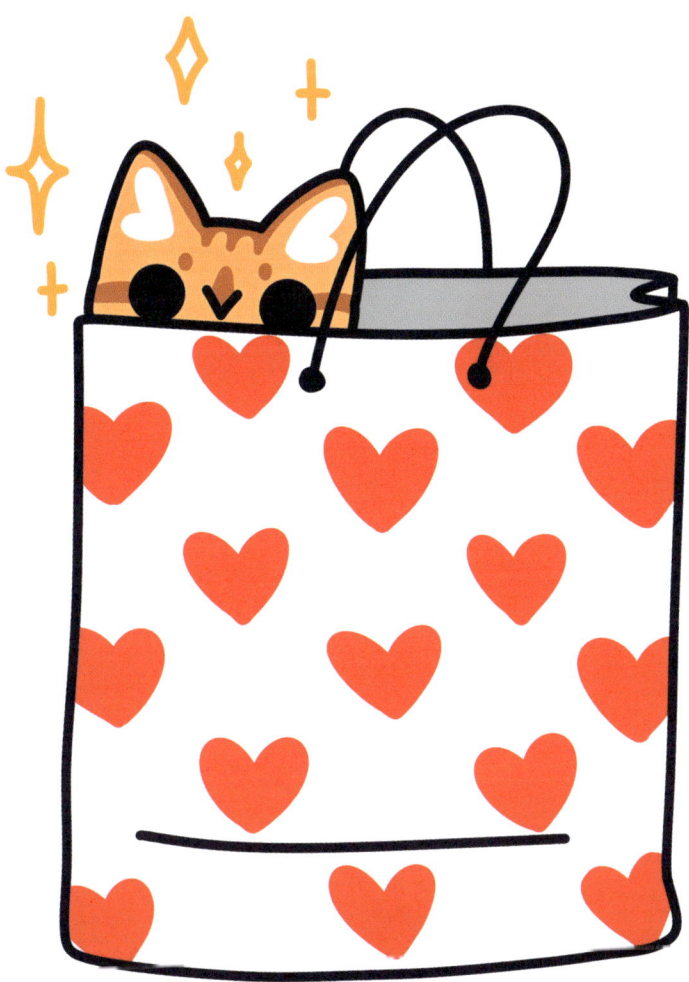

7 ¡A colorear! Procura que la bolsa sea lo más cuqui posible.

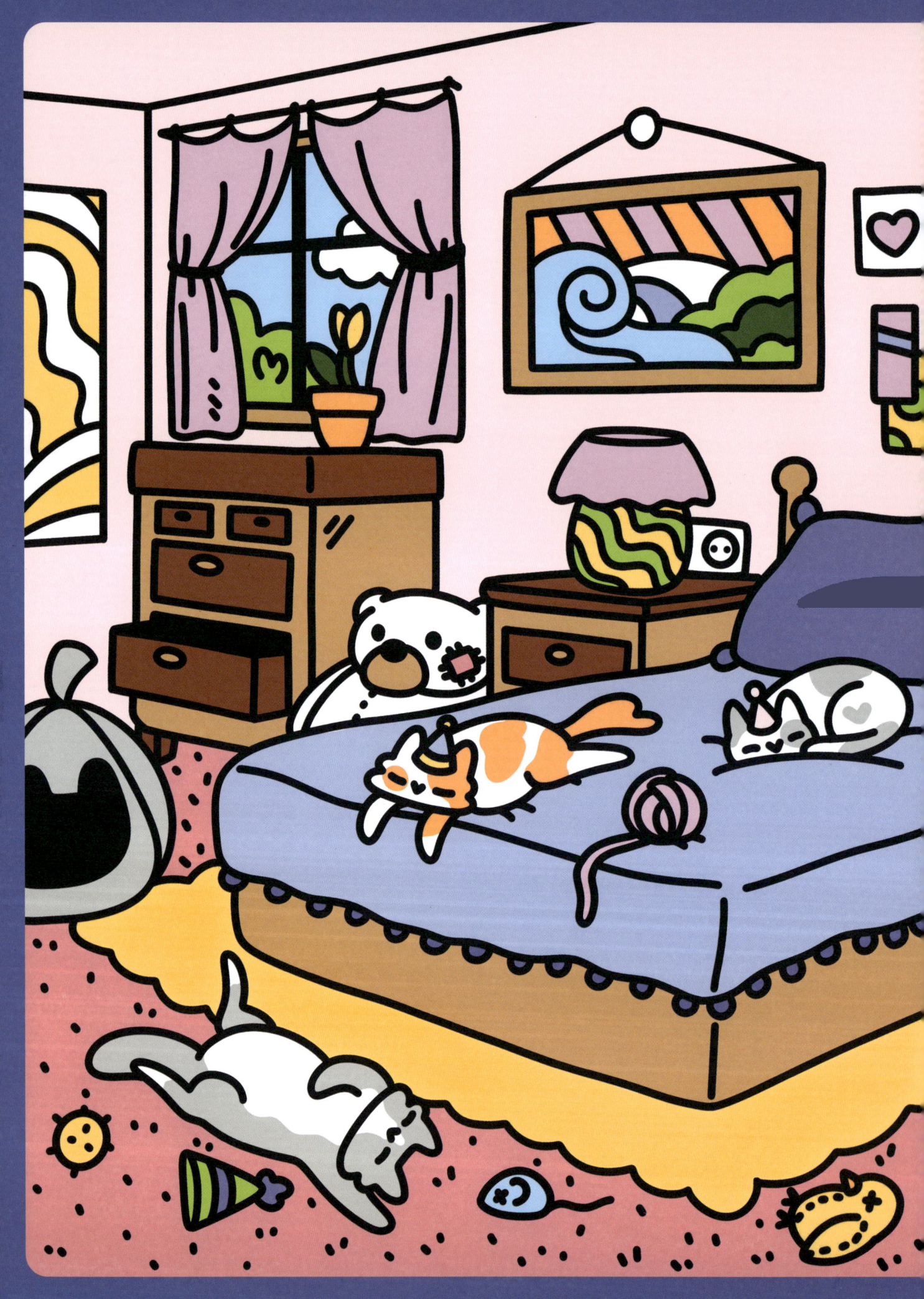

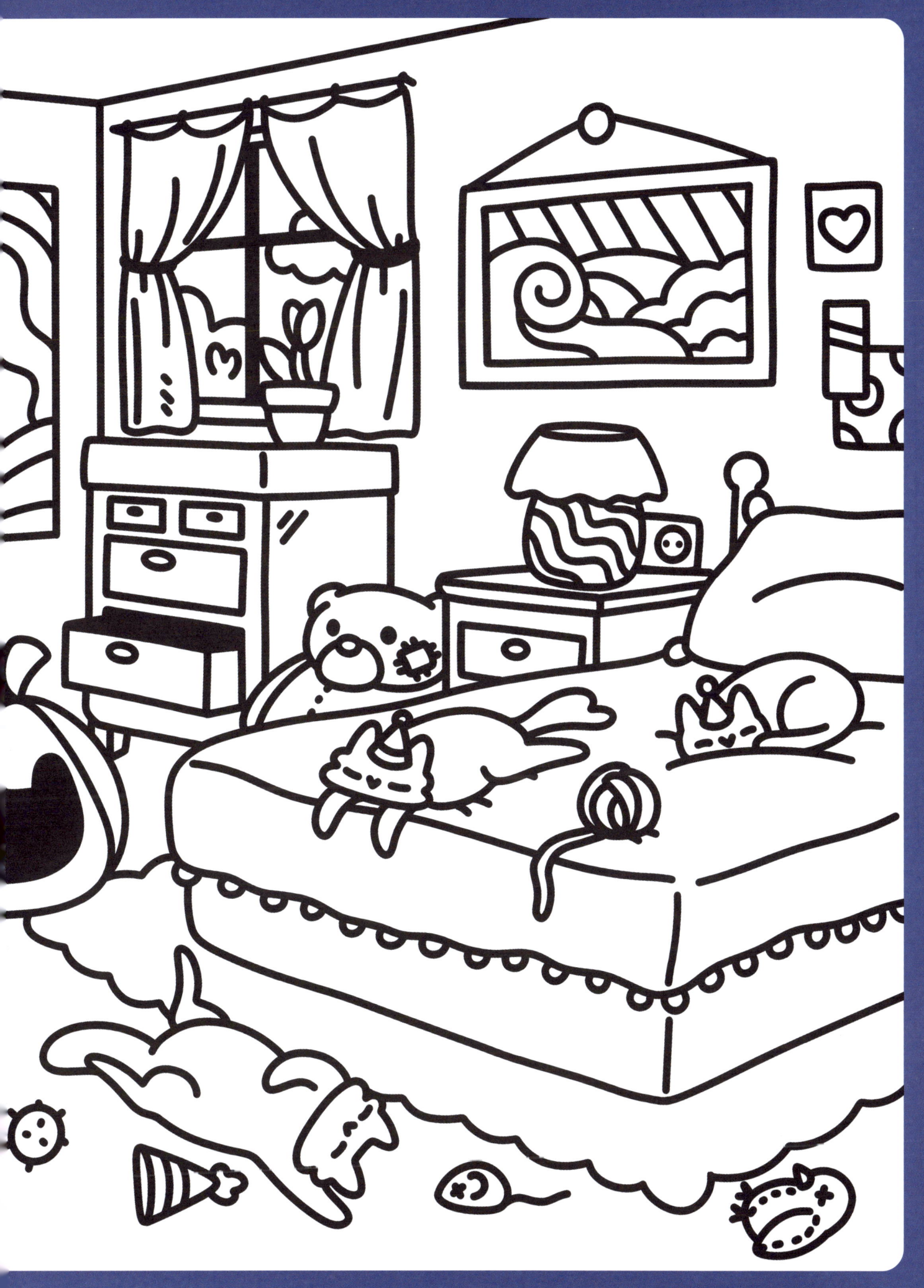

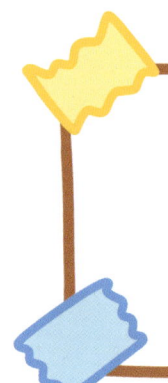

Acerca de la artista

Vera Kay, también conocida como **@veekachoo**, se convirtió en artista felina a tiempo completo después de que algunos de sus vídeos de dibujo de gatitos tiernos se hicieran virales en diferentes plataformas de redes sociales. Anteriormente, estudió Derecho, trabajó como dependienta y fue una jinete profesional que viajó por todo el mundo. Ahora es creadora de contenidos y una empresaria en ciernes. Vera, que en la actualidad reside en un acogedor pueblecito del norte de Francia, ha escrito este libro para ti rodeada de sus cinco gatitos de distintos pelajes, a cada cual más tierno y adorable: Minnie, Mouse, Lottie, Pippa y Masya.

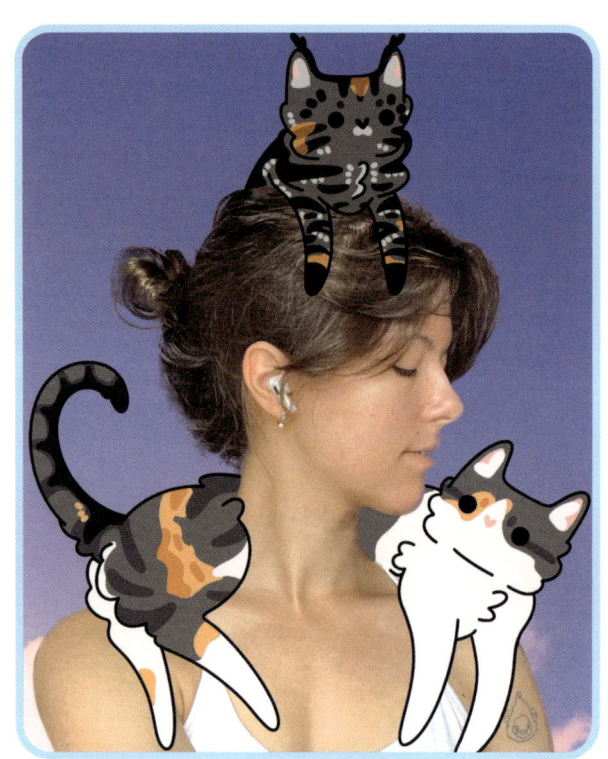